电网企业八五普法问答手册

国网湖南省电力有限公司 组编

中国电力出版社
CHINA ELECTRIC POWER PRESS

图书在版编目（CIP）数据

电网企业八五普法问答手册/国网湖南省电力有限公司组编. —北京：中国电力出版社，2024.9

ISBN 978-7-5198-8460-4

Ⅰ.①电… Ⅱ.①国… Ⅲ.①电力工业—工业企业管理—法律—中国—手册 Ⅳ.① D922.292-62

中国国家版本馆 CIP 数据核字（2023）第 243682 号

出版发行：中国电力出版社
地　　址：北京市东城区北京站西街 19 号（邮政编码 100005）
网　　址：http://www.cepp.sgcc.com.cn
责任编辑：安小丹
责任校对：黄　蓓　张晨荻
装帧设计：王红柳
责任印制：吴　迪

印　　刷：三河市万龙印装有限公司
版　　次：2024 年 9 月第一版
印　　次：2024 年 9 月北京第一次印刷
开　　本：880 毫米 × 1230 毫米　32 开本
印　　张：7.75
字　　数：159 千字
印　　数：0001—4000 册
定　　价：52.00 元

编委会

主　　任　明　煦
副 主 任　孟　军
委　　员　谢国胜　吴德松　刘　辉

编写组

主　　编　徐　鑫　廖潇竹
编写人员　高志军　蔡莹若　王虎松　邓心原
　　　　　邓仲筎　吴立环　孙　晨　申舒涵
　　　　　王　器　马　洁　吴　智　侯　懿
　　　　　秦　思　黄晓倩　景芳芳　杜婷婷
　　　　　谭文玉　谭　珂　何　婕　张乐萱
　　　　　刘威豪　曾倩妮　刘　翔

前　言

"弘扬社会主义法治精神，传承中华优秀传统法律文化，引导全体人民做社会主义法治的忠实崇尚者、自觉遵守者、坚定捍卫者。"党的二十大报告中全面依法治国蓝图绘就、法治中国掷地有声、全员普法元素熠熠生辉。我国自1986年以来，从中央到地方，从干部到群众，从机关到企业，从城市到农村，都积极投入到知法、学法的历史浪潮中，已相继完成了七个五年全民普法活动，今年已然进入到"八五"普法的第四个年头，这种举国开展、久久为功的全员普法，古今中外大概绝无仅有。这不仅体现了党和国家信仰法治、坚守法治、建设法治的决心，也说明了实现全员普法依然任重道远、永远在路上。

基于此，我们组织编写了《电网企业八五普法问答手册》。本手册以问题为导向、以需求为导向、以法治实践为导向，坚持学用结合、普治并重，共12篇，分别为：宪法篇；民法典篇；刑法篇；行政法篇；劳动法篇；安全生产法篇；公司法篇；电力法规篇；湖南省电力设施保护、供用电秩序维护法规篇；合规管理篇；反垄断法篇；党内法律法规篇。各篇以简明、通俗的问答形式，聚焦电网企业员工迫切的普法需求，从实用的角度有针对性地设计问题。在保证专业性、严谨性的同时，尽可能做到语言流畅、易懂，避免使用晦涩难懂的法言法语，并辅之典型案例和必要的知识延伸，向读者介绍相关法律知识，把普法融入法治实践、基层治理和工作生活。

希望通过本手册可以激发读者学习法律的兴趣，提升法治素养，提高遵法、学法、守法、用法的自觉性和主动性，养成办事依法、遇事找法、解决问题用法、化解矛盾靠法的良好习惯，为建设良法善治、公平正义、守法诚信、充满活力的社会主义法治社会贡献一份力量。

由于时间和水平有限，不足之处在所难免，敬请读者批评指正。

编者

2024 年 7 月

目 录
CONTENTS

宪法篇

　　我国宪法是符合国情、符合实际、符合时代发展要求的好宪法，是我们国家和人民经受住各种困难和风险考验、始终沿着中国特色社会主义道路前进的根本法制保证。

　　　　——习近平在首个国家宪法日到来之际作出的指示

　　　　　　　　　　　　《人民日报》2014年12月4日

　　宪法，就是一张写着人民权利的纸。

　　　　　　　　　　　　　　　　　　——列宁

1.《中华人民共和国宪法》在我国有着什么样的地位？

答:《中华人民共和国宪法》（以下简称《宪法》）是中华人民共和国全国人民代表大会制定和颁布的国家根本大法，是治国安邦的总章程。

（1）从内容上看，宪法规定了我们国家的根本制度、根本性质、根本任务和基本经济制度等国家生活中的根本问题。

（2）从地位来看，宪法是国家立法活动的基础，在国家法律体系中具有最高的法律地位和法律效力，是其他法律的立法基础和依据，一切法律、法规都必须依据宪法，不得同宪法相抵触。

（3）宪法是一切组织和个人的根本活动准则，同普通法律相比，宪法制定和修改的程序更为严格。

所以说，宪法是国家的根本大法，是治国安邦的总章程，具有最高的法律地位、法律权威、法律效力。全面贯彻实施宪法，是全面推进依法治国、建设社会主义法治国家的首要任务和基础性工作。

2.我国现行宪法包括哪些部分？

答: 我国现行宪法由"序言""总纲""公民的基本权利和义务""国家机构""国旗、国歌、国徽、首都"五部分构成。

"序言"，主要是介绍我国宪法形成的背景、指导思想、宪法的本质、宪法的原则。

"总纲"，主要规定了我国的国体、政体、基本政治制度、基本经济制度以及文化、社会、生态、外交、军事等各项基本制度、行政区域划分、特别行政区制度等。

"公民的基本权利和义务"，介绍了公民的政治权利、人身自由和宗教信仰自由、社会经济权利等权益和维护国家统一与民族团结等义务。

"国家机构"，是宪法的重要组成部分，宪法分别对这些机构的地位、产生、组成、职权、活动原则以及相互关系作出了规定。

"国旗、国歌、国徽、首都"，分别为五星红旗、《义勇军进行曲》、中华人民共和国国徽中间是五星照耀下的天安门，周围是谷穗和齿轮、首都是北京。

3.我国宪法日是哪一天及其设立意义是什么？

答： 1982年12月4日第五届全国人民代表大会第五次会议通过了现行的《中华人民共和国宪法》，2014年11月第十二届全国人民代表大会常务委员会第十一次会议决定通过《关于设立国家宪法日的决定》：将现行宪法通过、公布、施行日期的12月4日设立为国家宪法日。

设立宪法日，是一个重要的仪式，传递的是依宪治国、依宪执政的理念。

设立宪法日，不仅是增加一个纪念日，更要使这一天成为全民的宪法"教育日、普及日、深化日"，形成举国上下尊重宪法、宪法至上、用宪法维护人民权益的社会氛围。

设立宪法日，也是让宪法思维内化于所有公职人员心中。权力属于人民，权力服从宪法。公职人员只有为人民服务的义务，没有凌驾于人民之上的特权。一切违反宪法和法律的行为都必须予以追究和纠正。

4.国家在什么情况下可以对土地进行征收或征用？

答： 国家为了公共利益的需要，可以依照法律规定对土地实行征收或者征用并给予补偿。

法律依据 Legal basis 《宪法》第十条。

知识延伸

《中华人民共和国土地管理法》第四十五条　为了公共利益的需要，有下列情形之一，确需征收农民集体所有的土地的，可以依法实施征收：

（一）军事和外交需要用地的。

（二）由政府组织实施的能源、交通、水利、通信、邮政等基础设施建设需要用地的。

（三）由政府组织实施的科技、教育、文化、卫生、体育、生态环境和资源保护、防灾减灾、文物保护、社区综合服务、社会福利、市政公用、优抚安置、英烈保护等公共事业需要用地的。

（四）由政府组织实施的扶贫搬迁、保障性安居工程建设需要用地的。

（五）在土地利用总体规划确定的城镇建设用地范围内，经省级以上人民政府批准由县级以上地方人民政府组织实施的成片开发建设需要用地的。

（六）法律规定为公共利益需要可以征收农民集体所有的土地的其他情形。

前款规定的建设活动，应当符合国民经济和社会发展规划、土地利用总体规划、城乡规划和专项规划；第（四）项、第（五）项规定的建设活动，还应当纳入国民经济和社会发展年度计划；第（五）项规定的成片开发并应当符合国务院自然资源主管部门规定的标准。

《国有土地上房屋征收与补偿条例》第八条　为了保障国家安全、促进国民经济和社会发展等公共利益的需要，有下列情形之一，确需征收房屋的，由市、县级人民政府作出房屋征收决定：

（一）国防和外交的需要。

（二）由政府组织实施的能源、交通、水利等基础设施建设的需要。

（三）由政府组织实施的科技、教育、文化、卫生、体育、环境和资源保护、防灾减灾、文物保护、社会福利、市政公用等公共事业的需要。

（四）由政府组织实施的保障性安居工程建设的需要。

（五）由政府依照城乡规划法有关规定组织实施的对危房集中、基础设施落后等地段进行旧城区改建的需要。

（六）法律、行政法规规定的其他公共利益的需要。

5.宪法中对公共财产是如何进行保护的？

答： 我国宪法规定："社会主义的公共财产神圣不可侵犯。国家保护社会主义的公共财产。禁止任何组织或者个人用任何手段侵占或者破坏国家的和集体的财产。"

法律依据 《宪法》第十二条。

6.宪法对公民的私有财产是如何规定的？

答： 我国宪法规定："公民的合法的私有财产不受侵犯。国家依照法律规定保护公民的私有财产权和继承权。国家为了公共利益的需要，可以依照法律规定对公民的私有财产实行征收或者征用并给予补偿。"

法律依据 《宪法》第十三条。

7.宪法对国有企业有什么样的规定？

答： 国有企业在法律规定的范围内有权自主经营。

国有企业依照法律规定，通过职工代表大会和其他形式，实行民主管理。

法律依据
egal basis 　　《宪法》第十六条。

8. 我国的行政区域划分是什么样的?

答: 中华人民共和国的行政区域划分如下:

(1) 全国分为省、自治区、直辖市。

(2) 省、自治区分为自治州、县、自治县、市。

(3) 县、自治县分为乡、民族乡、镇。

直辖市和较大的市分为区、县。自治州分为县、自治县、市。

自治区、自治州、自治县都是民族自治地方。

法律依据
egal basis 　　《宪法》第三十条。

9. 宪法规定我国公民的基本权利有哪些?

答: (1) 法律面前一律平等。

(2) 政治权利和自由。

(3) 宗教信仰自由。

(4) 人身与人格权。

(5) 监督权。

(6) 社会经济权利。

(7) 社会文化权利和自由。

(8) 妇女保护权。

(9) 婚姻、家庭、母亲和儿童受国家保护。

(10) 华侨的正当权利和利益，归侨和侨眷的合法的权利和利益受国家保护。

法律依据
Legal basis　《宪法》第三十三条～第五十条。

10.宪法规定我国公民的基本义务有哪些?

答: 宪法规定公民的基本义务有:

（1）维护国家统一和全国各民族团结。

（2）必须遵守宪法和法律，保守国家秘密，爱护公共财产，遵守劳动纪律，遵守公共秩序，尊重社会公德。

（3）维护祖国安全、荣誉和利益的行为。

（4）劳动的义务。

（5）受教育的义务。

（6）保卫祖国、抵抗侵略、依法服兵役和参加民兵组织。

（7）依法纳税。

（8）夫妻双方有义务实行计划生育，父母有义务抚养教育未成年子女，成年子女有义务赡养扶助父母。

法律依据
Legal basis　《宪法》第四十二条、第四十六条、第四十九条、第五十二条～第五十六条。

11. 哪些既属于公民基本权利又属于公民基本义务?

答: 劳动和受教育既是公民的基本权利又是公民的基本义务。

中华人民共和国公民有劳动的权利和义务。国家通过各种途径，创造劳动就业条件，加强劳动保护，改善劳动条件，并在发展生产的基础上，提高劳动报酬和福利待遇。

劳动是一切有劳动能力的公民的光荣职责。国有企业和城乡集体经济组织的劳动者都应当以国家主人翁的态度对待自己的劳动。国家提倡社会主义劳动竞赛，奖励劳动模范和先进工作者。

国家提倡公民从事义务劳动，对就业前的公民进行必要的劳动就业训练。

中华人民共和国公民有受教育的权利和义务。国家培养青年、少年、儿童在品德、智力、体质等方面全面发展。

法律依据
Legal basis
《宪法》第四十二条、第四十六条。

12. 权利和权力有什么区别？

答："权利"与"权力"都属于公民。"权利"的所有者是公民个人，"权力"的所有者则是全体公民。我国宪法明确规定，"中华人民共和国的一切权力属于人民"，但是二者之间是有明显区别的。

（1）来源不同。

公民具体权利的来源则是多样的，既有法律的直接赋权，如获得义务教育的权利，也有通过合同、赠与、继承等方式取得，也有因受到侵害而获得补偿权利。而"权力"所有者属于全体人民，是全体人民中的每一个个体的"权力"的集合。其原因在于全体人民不可能直接行使"权力"，因此人民通过一定方式，比如选举等，将"权力"让渡给某个机构或者个人，从而使该机构获得行使"权力"的权利。国家机构及其公职人员具体拥有的"权力"，其最终来源于人民，从现实途径上讲只有一个：即法律授权。

（2）性质不同。

"权利"是私法意义上的"权"，一般是通过民事行为与社会行为，以及某些程序性权利行为来实现，其享有者一般为公民个人或者说人格化的法人。权利从形式上讲需要法律赋予，但是只要法律不明确禁止，则视为法律"赋予"。作为权利主体，其享有的权利是广泛的，比如作为公民享有著作权、劳动权、继承权、生育权、社会保障权等。

"权力"则是公法上的概念，是法律授予的、具有强制力的一种权能，一般是为实现公共利益、社会利益。具体的"权力"必须由法律来具体规定，凡是法律没有明确赋予的，则视为禁止。也就是说，行使"权力"，如无明确法律条文为依据，即视为越权。行使者的"权力"一般是单一的，如行使审判权的，则仅能行使审判权，不得行使检察权；行使治安管理权的，不得行使工商管理权。

（3）行为主体不同。

权利的所有者和行使者一般是一致的，权利所有者可以委托他人代为行使，但这种民事上的代理行为，其行为本身在法律上视为权利人本人所为，在后果上也归为被代理者，即权利主体。

但是权力的所有者与行使者一般情况下是分离的。权力的所有者应当属于全体国民，而权力的行使者则是有关国家机构及其公职人员。

（4）目的不同。

行使权利的目的，是满足权利人的某种需要。行使权力的目的则不是为了行使权力者本人，而是为了人民，所谓"权为民所用"。权力行使是为了公共利益、社会利益，这也是权力与权利之间的重大差别。

（5）自由度不同。

行使"权力"，有严格程序性及实体性限制。即使在法定的自由裁量权范围内，也不是给予行使者真正的"自由"，而必须遵循相关原则（如合理性原则）并结合实际情况进行"裁量"。权利主体对其权利享有充分的处置权，如占有、使用、收益、处分等权利。权利人既可以充分行使，也可以不充分行使，甚至不予以行使或者直接予以抛弃。权利人不当行使，在一般情况下不会受到处罚。但是行使权力不当则要承担相应责任，包括法律责任、政治责任等，严重的甚至承担刑事责任。

13. 宪法中规定的国家机构有哪些？

答：（1）全国人民代表大会。中华人民共和国全国人民代表大会是最高国家权力机关。

（2）中华人民共和国主席。中华人民共和国主席、副主席由全国人民代表大会选举。

（3）国务院。中华人民共和国国务院即中央人民政府，是最高国家权力机关的执行机关，是最高国家行政机关。

（4）中央军事委员会。中华人民共和国军事委员会领导全国武装力量。

（5）地方各级人民代表大会和地方各级人民政府。省、直辖市、县、市、市辖区、乡、民族乡、镇设立人民代表大会和人民政府。

（6）民族自治地方的自治机关。民族自治地方的自治机关是自治区、自治州、自治县的人民代表大会和人民政府。

（7）监察委员会。中华人民共和国监察委员会是国家的监察机关。

（8）人民法院和人民检察院。中华人民共和国人民法院是国家的审判机关，中华人民共和国设立最高人民法院、地方各级人民法院和军事法院等专门人民法院；中华人民共和国人民检察院是国家的法律监督机关，中华人民共和国设立最高人民检察院、地方各级人民检察院和军事检察院等专门人民检察院。

法律依据
Legal basis 　《宪法》第三章。

14. 宪法、法律修改的程序是什么？

答：宪法的修改，由全国人民代表大会常务委员会或者五分之一以上的全国人民代表大会代表提议，并由全国人民代表大会以全体代表的三分之二以上的多数通过。

法律和其他议案由全国人民代表大会以全体代表的过半数通过。

法律依据
Legal basis　《宪法》第六十四条。

15.国务院各部、各委员会领导体制是什么？

答： 国务院实行总理负责制，各部、各委员会实行部长、主任负责制。

实行总理负责制与部长、主任负责制不意味着独断专行，而是要在民主的基础上高度集中，从而保证责任明确，行动果断迅速，也有利于提高国务院的工作效率，并符合现代行政效率优先的原则。

法律依据
Legal basis　《宪法》第八十六条。

知识延伸
nowledge extension

国务院行政机构根据职能分为国务院办公厅、国务院组成部门、国务院直属机构、国务院办事机构、国务院组成部门管理的国家行政机构和国务院议事协调机构。

国务院设置办公厅、国务院组成部门、国务院直属特设机构、国务院直属机构、国务院办事机构、国务院直属事业单位、国务院部委管理的国家局。

（1）国务院组成部门有：中华人民共和国外交部、中华人民共和国国防部、中华人民共和国国家发展和改革委员会、中华人民共和国教育部、中华人民共和国科学技术部、中华人民共和国工业和信息化部、中华人民共和国国家民族事务委员会、中华人民共和国公安部、中华人民共和国国家安全部、中华人民共和国民政部、中华人民共和国司法部、中华人民共和国财政部、中华人民共和国人力资源和社会保障部、中华人民共和国自然资源部、中华人民共和国生态环境部、中华人民共和国住房和城乡建设部、中华人民共和国交通运输部、中华人民共和国水利部、中华人民共和国农业农村部、中华人民共和国商务部、中华人民共和国文化和旅游部、中华人民共和国国家卫生健康委员会、中华人民共和国退役军人事务部、中华人民共和国应急管理部、中国人民银行、中华人民共和国审计署。

教育部对外保留国家语言文字工作委员会牌子。工业和信息化部对外保留国家航天局、国家原子能机构牌子。人力资源和社会保障部加挂国家外国专家局牌子。自然资源部对外保留国家海洋局牌子。生态环境部对外保留国家核安全局牌子。农业农村部加挂国家乡村振兴局牌子。

（2）国务院直属特设机构：国务院国有资产监督管理委员会。

（3）国务院直属机构：中华人民共和国海关总署、国家税务总局、国家市场监督管理总局、国家金融监督管理总局、中国证券监督管理委员会、国家广播电视总局、国家体育总局、国家信访局、国家统计局、国家知识产权局、国家国际发展合作署、国家医疗保障局、国务院参事室、国家机关事务管理局。

国家市场监督管理总局对外保留国家反垄断局、国家认证认可监督管理委员会、国家标准化管理委员会牌子。国家新闻出版署（国家版权局）在中央宣传部加挂牌子，由中央宣传部承担相关职责。国家宗教事务局在中央统战部加挂牌子，由中央统战部承担相关职责。

（4）国务院办事机构：国务院研究室。

国务院侨务办公室在中央统战部加挂牌子，由中央统战部承担相关职责。国务院港澳事务办公室在中共中央港澳工作办公室加挂牌子，由中共中央港澳工作办公室承担相关职责。国务院台湾事务办公室与中共中央台湾工作办公室、国家互联网信息办公室与中央网络安全和信息化委员会办公室，一个机构两块牌子，列入中共中央直属机构序列。国务院新闻办公室在中央宣传部加挂牌子，由中央宣传部承担相关职责。

（5）国务院直属事业单位：新华通讯社、中国科学院、中国社会科学院、中国工程院、国务院发展研究中心、中央广播电视总台、中国气象局。

国家行政学院与中央党校，一个机构两块牌子，作为党中央直属事业单位。

（6）国务院部委管理的国家局：国家粮食和物资储备局，由国家发展和改革委员会管理；国家能源局，由国家发展和改革委员会管理；国家数据局，由国家发展和改革委员会管理；国家国防科技工业局，由工业和信息化部管理；国家烟草专卖局，由工业和信息化部管理；国家移民管理局，由公安部管理；国家林业和草原局，由自然资源部管理；国家铁路局，由交通运输部管理；中国民用航空局，由交通运输部管理；国家邮政局，由交通运输部管理；国家文物局，由文化和旅游部管理；国家中医药管理局，由国家卫生健康委员会管理；国家疾病预防控制局，由国家卫生健康委员会管理；国家矿山安全监察局，由应急管理部管理；国家消防救援局，由应急管理部管理；国家外汇管理局，由中国人民银行管理；国家药品监督管理局，由国家市场监督管理总局管理。

国家移民管理局加挂中华人民共和国出入境管理局牌子。国家林业和草原局加挂国家公园管理局牌子。国家公务员局在中央组织部加挂牌子，由中央组织部承担相关职责。国家档案局与中央档案馆、国家保密局与中央保密委员会办公室、国家密码管理局与中央密码工作领导小组办公室，一个机构两块牌子，列入中共中央直属机关的下属机构序列。

16.我国人民法院组织体系是什么?

答: 中华人民共和国设立最高人民法院、地方各级人民法院和军事法院等专门人民法院。

最高人民法院是最高审判机关。最高人民法院监督地方各级人民法院和专门人民法院的审判工作，上级人民法院监督下级人民法院的审判工作。

最高人民法院对全国人民代表大会和全国人民代表大会常务委员会负责。地方各级人民法院对产生它的国家权力机关负责。

地方各级人民法院分为高级人民法院、中级人民法院和基层人民法院。专门人民法院包括军事法院和海事法院、知识产权法院、金融法院等。地方各级人民法院包括:

(1)基层人民法院，设于县、自治县(旗)、不设区的市、市辖区，例如长沙市天心区人民法院、浏阳市人民法院。

(2)中级人民法院，设于省和自治区的各地区、省和自治区所辖市、自治州(盟)以及直辖市，例如长沙市中级人民法院。

(3)高级人民法院，设于省、自治区和直辖市，例如湖南省高级人民法院。

专门人民法院包括军事法院和海事法院、知识产权法院、金融法院等。军事法院也设三级:基层法院，包括军级单位的军事法院、兵团级军事法院和在京直属部队军事法院;各大军区、各军种军事法院;中国人民解放军军事法院。海事法院设在沿海大中城市和长江流域的大城市。根据中央统一部署，我国先后在北京、上海、广州、海南自贸港设立4个知识产权法院，在上海、北京、成渝地区双城经济圈设立3个金融法院，增设南京海事法院。

L 法律依据
Legal basis 　《宪法》第一百二十九条、第一百三十二条、第一百三十三条。

K 知识延伸
nowledge extension

审判权由各级人民法院依法律规定分别行使。

——基层人民法院审判属于自己管辖的第一审刑事、民事和行政案件（法律另有规定的除外），并且处理不需要开庭审判的民事纠纷和轻微的刑事案件，指导人民调解委员会的工作。

——中级人民法院审判法律规定由其管辖的第一审刑事、民事和行政案件，基层人民法院移送审判的第一审案件，对基层人民法院判决和裁定的上诉案件和抗诉案件，人民检察院按照审判监督程序提出的抗诉案件。

——高级人民法院审判法律规定由其管辖的第一审刑事、民事和行政案件，下级人民法院移送审判的第一审案件，对下级人民法院判决和裁定的上诉案件和抗诉案件，人民检察院按照审判监督程序提出的抗诉案件。

根据《宪法》《人民法院组织法》及相关法律，作为国家最高审判机关，最高人民法院审理下列案件：

（1）审理法律规定由它管辖的和它认为应当由自己审判的第一审案件。

（2）审理对高级人民法院、专门人民法院判决、裁定的上诉、抗诉、申请再审与申诉案件。

（3）审理最高人民检察院按照审判监督程序提出的抗诉案件。

（4）核准本院判决以外的死刑案件。

（5）依法审理国家赔偿案件，决定国家赔偿。

（6）核准法定刑以下判处刑罚的案件。

除审判案件外，最高人民法院还负责统一管理、统一协调全国法院的执行工作。目前，每年全国法院受理大量申请强制执行案件。这些案件主要由地方人民法院执行。最高人民法院设立执行局，负责这项工作的管理、监督、协调。

两审终审制度以及例外：

根据《民事诉讼法》《刑事诉讼法》《行政诉讼法》的规定：人民法院审理民事、行政案件，审判刑事案件，实行两审终审制度。

我国两审终审制有四种例外：

（1）最高人民法院审理的第一审案件为一审终审。

（2）判处死刑的案件，必须依法经过死刑复核程序核准后，判处死刑的裁判才能生效并交付执行。

（3）地方各级人民法院依照刑法规定在法定刑以下判处刑罚的案件，必须经过最高人民法院核准，判决、裁定才能生效并交付执行。

（4）民事诉讼中的小额诉讼程序。（小额诉讼程序是人民法院审理事实清楚、权利义务关系明确、争议不大的简单金钱给付案件。）

17. 人民法院行使审判权的原则有哪些？

答：人民法院的审判工作原则：主要有依法独立行使审判权、平等适用法律、司法公正、司法民主、公开审判、司法责任制、使用本民族语言文字进行诉讼和当事人有权获得辩护等原则。具体如下：

（1）依法独立行使审判权原则。

人民法院依照法律规定独立行使审判权，不受行政机关、社会团体和个人的干涉。人民法院依照法律规定独立行使审判权，是指人民法院的独任法官、合议庭或者审判委员会等审判组织审判案件时，既要坚持"让审理者裁判，由裁判者负责"的司法责任制又要代表人民法院，以人民法院的名义行使审判权。

（2）平等适用法律原则。

人民法院审判案件，对于一切公民，不分民族、种族、性别、职业、社会出身、宗教信仰、教育程度、财产状况、居住期限等，在适用法律上一律平等，不允许任何组织和个人有超越法律的特权，禁止任何形式的歧视。

（3）司法公正原则。

人民法院审理案件，以事实为根据，以法律为准绳，坚持实体公正和程序公正相统一，依法保护各个主体的诉讼权利和其他合法权益，尊重和保障人权。

（4）司法民主原则。

司法民主本质上是指保障人民参与司法的权利。

（5）公开审判原则。

公开审判是指人民法院在审理案件时，除涉及国家秘密、个人隐私、商业秘密等情形或者涉及未成年人等特殊利益保护外，一律公开进行。

（6）司法责任制原则。

人民法院实行司法责任制，建立健全权责统一的司法权力运行机制。

（7）使用本民族语言文字进行诉讼原则。

诉讼当事人有权以本民族文字参与诉讼审判过程的原则，体现对当事人诉讼权利的保护。

（8）当事人有权获得辩护原则。

根据《宪法》和《刑事诉讼法》的规定，被告人有权获得辩护。

18. 人民检察院的组织体系是什么？

答：最高人民检察院是最高检察机关。最高人民检察院领导地方各级人民检察院和专门人民检察院的工作，上级人民检察院领导下级人民检察院的工作。

最高人民检察院对全国人民代表大会和全国人民代表大会常务委员会负责。地方各级人民检察院对产生它的国家权力机关和上级人民检察院负责。

法律依据
Legal basis　　《宪法》第一百三十七条、第一百三十八条。

19.宪法对我国的监察机关有何规定?

答: 宪法规定，中华人民共和国国家监察委员会是最高监察机关。国家监察委员会领导地方各级监察委员会的工作，上级监察委员会领导下级监察委员会的工作。国家监察委员会对全国人民代表大会和全国人民代表大会常务委员会负责。地方各级监察委员会对产生它的国家权力机关和上一级监察委员会负责。监察委员会依照法律规定独立行使监察权，不受行政机关、社会团体和个人的干涉。

监察机关办理职务违法和职务犯罪案件，应当与审判机关、检察机关、执法部门互相配合，互相制约。

法律依据
Legal basis　　《宪法》第一百二十三条~第一百二十七条。

民法典篇

民法典系统整合了新中国成立七十多年来长期实践形成的民事法律规范，汲取了中华民族五千多年优秀法律文化，借鉴了人类法治文明建设有益成果，是一部体现我国社会主义性质、符合人民利益和愿望、顺应时代发展要求的民法典，是一部体现对生命健康、财产安全、交易便利、生活幸福、人格尊严等各方面权利平等保护的民法典，是一部具有鲜明中国特色、实践特色、时代特色的民法典。

——《习近平谈治国理政》第四卷《实施好民法典》

在民法慈母般的眼神中，每个人就是整个国家。

——孟德斯鸠

1.国家所有的财产有哪些?

答:(1)矿藏、水流、海域属于国家所有。

(2)无居民海岛属于国家所有,国务院代表国家行使无居民海岛所有权。

(3)城市的土地,属于国家所有。法律规定属于国家所有的农村和城市郊区的土地,属于国家所有。

(4)森林、山岭、草原、荒地、滩涂等自然资源,属于国家所有,但是法律规定属于集体所有的除外。

(5)法律规定属于国家所有的野生动植物资源,属于国家所有。

(6)无线电频谱资源属于国家所有。

(7)法律规定属于国家所有的文物,属于国家所有。

(8)国防资产属于国家所有。

(9)铁路、公路、电力设施、电信设施和油气管道等基础设施,依照法律规定为国家所有的,属于国家所有。

(10)国家机关对其直接支配的不动产和动产,享有占有、使用以及依照法律和国务院的有关规定处分的权利。

(11)国家举办的事业单位对其直接支配的不动产和动产,享有占有、使用以及依照法律和国务院的有关规定收益、处分的权利。

(12)国家出资的企业,由国务院、地方人民政府依照法律、行政法规规定分别代表国家履行出资人职责,享有出资人权益。

法律依据
Legal basis 《民法典》第二百四十七条~第二百五十七条。

2.《民法典》包括哪些内容?

答:民法典共有七编,分别为总则、物权、合同、人格权、婚姻家庭、继承和侵权责任。

知识延伸

民法调整平等主体的自然人、法人和非法人组织之间的人身关系和财产关系，民事主体的人身权利、财产权利以及其他合法权益受法律保护，任何组织或者个人不得侵犯。民事主体在民事活动中的法律地位一律平等，从事民事活动应当遵循自愿原则，按照自己的意思设立、变更、终止民事法律关系。

3.《民法典》是一部新的法律吗?

答:《民法典》不是全新制定的民事法律，也不是简单的法律汇编，而是对现行的民事法律规范进行编订编纂，对已经不适应现实情况的规定进行修改完善，对经济社会生活中出现的新情况、新问题作出有针对性的新规定。

知识延伸

编纂一部真正属于中国人民的民法典，是新中国几代人的夙愿。党和国家曾于1954年、1962年、1979年和2001年先后四次启动民法制定工作。第一次和第二次，由于多种原因而未能取得实际成果。1979年第三次启动，由于刚刚进入改革开放新时期，制定一部完整民法典的条件尚不具备。因此，当时领导全国人大法制委员会立法工作的彭真、习仲勋等同志深入研究后，在20世纪80年代初决定按照"成熟一个通过一个"的工作思路，确定先制定民事单行法律。继承法、民法通则、担保法、合同法就是在这种工作思路下先后制定的。2001年，九届全国人大常委会组织起草了《中华人民共和国民法（民法典）》，并于2002年12月进行了一次审议。经讨论和研究，仍确定继续采取分别制定单行法的办法推进我国民事法律制度建设。2003年十届全国人大以来，又陆续制定了物权法、侵权责任法、涉外民事关系法律适用法等。党的十八届四中全会作出关于全面推进依法治国若干重大问题的决定，其中对编纂民法典作出部署。之后，习近平总书记主持3次中央政治局常委会会议，分别审议民法总则、民法典各分编、民法典3个草案。在各方面共同努力下，经过5年多工作，民法典终于颁布实施，实现了几代人的夙愿。实践充分证明，编纂与出台民法典是以习近平同志为核心的党中央带领广大人民实现法治中国梦的奋斗结果，是中国法律传统和广大人民法治信仰的生动写照。

4.《民法典》的基本原则有哪些?

答:《民法典》中规定民事主体在从事民事活动时要遵循以下基本原则：平等原则、自愿原则、公平原则、诚信原则、守法和公序良俗原则、绿色原则。

平等原则：民事主体在民事活动中的法律地位一律平等。

自愿原则：民事主体从事民事活动，应当遵循自愿原则，按照自己的意思设立、变更、终止民事法律关系。

公平原则：民事主体从事民事活动，应当遵循公平原则，合理确定各方的权利和义务。

诚实信用原则：民事主体从事民事活动，应当遵循诚信原则，秉持诚实，恪守承诺。

守法和公序良俗原则：民事主体从事民事活动，不得违反法律，不得违背公序良俗。

绿色原则：民事主体从事民事活动，应当有利于节约资源、保护生态环境。

法律依据
Legal basis　　《民法典》第四条~第十条。

5.《民法典》中规定的"绿色生态"原则,对电网企业有着怎样的要求?

答:《民法典》总则编第九条新增了绿色原则,并且在合同编第五百零九条加以细化与落实。该原则要求新时代电网企业作为民事主体从事民事活动时,应当遵循"节约资源、保护生态环境"的理念。《民法典》第九条规定:民事主体从事民事活动,应当有利于节约资源、保护生态环境。《民法典》第五百零九条第三款规定:当事人在履行合同过程中,应当避免浪费资源、污染环境和破坏生态。

绿色原则对电网企业践行绿色发展理念提出了更高层次的要求。在绿色原则的指导下,电网企业应当进一步推进新能源消纳、并网、清洁能源优先调度等方面的工作任务,加强对新能源电网的投资、规划和建设。同时要求电网企业在电网工程建设过程中要更加注重对周边环境的影响,依法依规开展环境影响评价,严格落实环境保护"三同时"要求。在生产活动中要严格执行污染物排放标准,严格落实水土保持、电磁辐射控制等措施,积极倡导践行"绿色设计、绿色建设、绿色管理、绿色施工"的理念,有效降低电网建设对环境的影响。

6.民事权利能力和民事行为能力分别是什么?

答:民事权利能力是指民事主体享有民事权利、承担民事义务的法律资格。民事行为能力是指民事主体独立参与民事活动,以自己的行为取得民事权利或者承担民事义务的法律资格。民事行为能力与民事权利能力不同,民事权利能力是民事主体从事民事活动的前提,民事行为能力是民事主体从事民事活动的条件。

(1)自然人从出生时起到死亡时止,具有民事权利能力,依法享有民事权利，承担民事义务。自然人的民事权利一律平等。

所有的自然人都有民事权利能力，但不一定都有民事行为能力，自然人从出生起即当然享有民事权利能力，但要独立从事民事活动，实施民事法律行为，还必须要有相应的民事行为能力。

能否独立实施民事法律行为是判断民事行为能力的关键，由此自然人可以分为三种类型：

1）完全民事行为能力人：一是十八周岁以上智力、精神健康状况正常，可以独立行使民事法律行为的成年人。二是十六周岁以上，以自己的劳动收入为主要生活来源的未成年人。

2）限制民事行为能力人：一是八周岁以上、不满十八周岁的未成年人。二是不能完全辨认自己行为的成年人。

3）无民事行为能力人：一是不满八周岁的未成年人。二是不能辨认自己行为的成年人。三是不能辨认自己行为的八周岁以上的未成年人。

（2）法人的民事权利和民事行为能力，从法人成立时产生，到法人终止时消灭。

法律依据 Legal basis·《民法典》第十三条、第十四条、第十八条、第五十九条。

7. 法人是指什么？

答：《民法典》中规定，法人是具有民事权利能力和民事行为能力，依法独立享有民事权利和承担民事义务的组织。

法人是"自然人"的对称，是自然人之外最为重要的民事主体，有自身独立的法律人格，可以以自己的名义起诉与应诉、拥有财产、进行交易、承担责任。

法律依据 Legal basis·《民法典》第五十七条。

8.什么情形下法人终止和解散?

答: 有下列原因之一并依法完成清算、注销登记的,法人终止:

(1)法人解散。

(2)法人被宣告破产。

(3)法律规定的其他原因。

法人终止,法律、行政法规规定必须经有关机关批准的,依照其规定。

法人的终止即法人的消灭,是指法人丧失民事主体资格,不再具有民事权利能力和民事行为能力。

有下列情形之一,法人解散:

(1)法人章程规定的存续期间届满或者法人章程规定的其他解散事由出现。

(2)法人的权力机构决议解散。

(3)因法人合并或者分立需要解散。

(4)法人依法被吊销营业执照、登记证书,被责令关闭或者被撤销。

(5)法律规定的其他情形。

法律依据
Legal basis 《民法典》第六十八条、第六十九条。

9.《民法典》中的人格权包括哪些?

答:《民法典》规定,人格权是民事主体享有的生命权、身体权、健康权、姓名权、名称权、肖像权、名誉权、荣誉权、隐私权等权利。除前述人格权外,自然人享有基于人身自由、人格尊严产生的其他人格权益。

《民法典》以列举的方式及外延的方式对其作出界定,保持开放性，对未来新出现的人格权类型保留足够的空间。

法律依据 《民法典》第一百一十条。

知识延伸

我国的《民法典》将人格权独立成编是世界首创。人格权独立成编，属于一大创举。它的核心目的就是把"人"始终放在第一要位，以更大程度上体现人文关怀。

10.处理个人信息时需要遵循什么规则？

答： 个人信息的处理包括个人信息的收集、存储、使用、加工、传输、提供、公开等。《民法典》中规定处理个人信息的，应当遵循合法、正当、必要原则，不得过度处理，并符合下列条件：

（1）征得该自然人或者其监护人同意，但是法律、行政法规另有规定的除外。

（2）公开处理信息的规则。

（3）明示处理信息的目的、方式和范围。

（4）不违反法律、行政法规的规定和双方的约定。

而供电企业在供电业务过程中会掌握到涉及客户姓名、身份证件号码、住址、电话号码等大量个人信息，因此，供电企业需根据《民法典》及《个人信息保护法》等相关规定，依法规范保护客户个人信息，切实履行电网企业的法律和社会责任，保证所有用电客户个人信息得到有效保护。

法律依据 《民法典》第一千零三十五条。

11.房屋等不动产物权如何设立、变更、转让和消灭？

答： 不动产是指不能移动或者如果移动就会改变性质、损害其价值的有形财产，包括土地及其定着物，包括物质实体及其相关权益。

根据《民法典》的规定不动产物权的设立、变更、转让和生效采用登记生效主义，即不动产物权的设立、变更、转让和消灭，应当依照法律规定登记。经依法登记，发生效力；未经登记，不发生效力，但是法律另有规定的除外。

法律依据 Legal basis 《民法典》第二百零八条、第二百零九条。

案例 Case

甲乙双方签订房屋买卖合同后，甲又将该房屋卖给了丙，并跟丙办理了房屋变更登记、完成过户。在该情形下，不动产房屋的所有权应以是否登记为判断依据，丙已完成房屋变更登记，则丙取得该房屋所有权，乙仅能向甲主张合同违约责任，不能再要求甲或者丙向其交付该房屋。

12.汽车等特殊动产物权如何设立、转让？

答： 根据《民法典》的规定特殊动产物权的设立、转让采用登记对抗主义。船舶、航空器和机动车等特殊动产物权的设立、转让，未经登记，不得对抗善意第三人。所谓善意第三人是指不知道也不应当知道物权发生了变动的其他人。

法律依据 Legal basis 《民法典》第二百二十五条。

案例 Case

甲将自己所有的车辆卖给了乙，乙向甲支付了车辆价款，甲将该车辆交付给乙，但并未做变更登记，该车辆仍登记在甲名下。后甲依据该车辆登记在其名下的证明，以该车辆作抵押向丙借款，到期不能偿还借款时，丙主张实现该车辆抵押权。

该例中，甲乙双方之间的车辆买卖合同成立，并自车辆交付时生效，但甲乙未做车辆变更登记，丙主张车辆抵押权时，乙不能以其是车辆所有人对抗丙的主张。丙在该例中为善意第三人，乙未经登记，不得对抗善意第三人。

13.动产物权如何设立、转让？

答： 动产物权的设立和转让主要是指当事人通过合同约定转让动产所有权和设立动产质权。《民法典》中规定，动产物权的设立和转让，自交付时发生效力，但是法律另有规定的除外。

法律依据
Legal basis 《民法典》第二百零八条。

14.《民法典》中新增的"居住权"是什么意思？

答： 居住权是指为了满足生活居住需要，根据合同约定而占有、使用他人住宅的权利。《民法典》创设了居住权制度，规定"居住权无偿设立，但是当事人另有约定的除外。""设立居住权的，应当向登记机构申请居住权登记。居住权自登记时设立。""居住权不得转让、继承。设立居住权的住宅不得出租，但是当事人另有约定的除外。"

《民法典》新增设立"居住权"的概念，明确了居住权人享有的相应权益。电网企业在提供供用电服务过程中，也应当重视对居住权人合法权益的维护。

法律依据
Legal basis 《民法典》第三百六十六条、第三百六十八条、第三百六十九条。

15.什么是表见代理？超过代理权限与他人签订的合同，被代理人对此需要承担责任吗？

答：《民法典》中规定行为人没有代理权、超越代理权或者代理权终止后，仍然实施代理行为，相对人有理由相信行为人有代理权的，代理行为有效。在此情形下，代理人虽是超过代理权限与他人签订的合同，但由此产生的法律后果仍应由被代理人承担。

法律依据
Legal basis —— 《民法典》第一百七十二条。

案例
Case

甲公司的业务员长期负责与乙公司的业务往来，后来该业务员无代理权限但仍以甲公司名义签订合同，即使没有授权书等文件，但基于交易习惯，乙公司有理由相信该业务员有代理权，那么该业务员就有可能构成表见代理。如果业务员构成表见代理，甲公司要承担由此产生的相关法律后果，但可以向业务员追偿因代理行为遭受的损失。

16.什么是承担连带责任以及法律规定的承担连带责任的情形有哪些？

答：连带责任，是指依照法律规定或者当事人的约定，两个或者两个以上当事人对其共同债务全部承担或部分承担，并能因此引起其内部债务关系的一种民事责任。

承担连带责任也就是指债务人向债权人履行民事责任。

法律规定的承担连带责任的情形有：

（1）因保证而承担的连带责任。

保证是指保证人和债权人约定，当债务人不履行债务时，保证人按照约定履行债务或者承担责任的行为。保证的方式有一般保证和连带责任保证。当事人在保证合同中约定保证人与债务人对债务承担连带责任的，为连带责任保证。连带责任保证的债务人在主合同规定的债务履行期届满没有履行债务的，债权人可以要求债务人履行债务，也可以要求保证人在其保证范围内承担保证责任。保证人承担保证责任后，有权向债务人追偿。

（2）合伙（包括合伙型联营）中的连带责任。

合伙人对合伙的债务承担连带责任，法律另有规定的除外。偿还合伙债务超过自己应当承担数额的合伙人，有权向其他合伙人追偿。但这种连带责任是针对合伙人与债权人这一外部关系而言，至于合伙内部仍是一种按份的责任。合伙型联营中的连带责任与合伙中的相似，合伙型联营各方应当依照有关法律、法规或合同的约定对联营债务负连带清偿责任。

（3）因代理而承担连带责任。

1）委托书授权不明的，被代理人应当向第三人承担民事责任，代理人负连带责任。

2）代理人和第三人串通，损害被代理人利益的，由代理人和第三人负连带责任；第三人知道行为人没有代理权、超越代理权或代理权已终止还与行为人实施民事行为给他人造成损害的，由第三人和行为人负连带责任。

3）委托代理人转托他人代理，因其转托不明，给第三人造成损失的，第三人可以直接要求被代理人赔偿损失，被代理人承担民事责任后，可以要求委托代理人赔偿损失，转托代理人有过错的，应当负连带责任。

（4）因共同侵权而承担的连带责任。

二人以上共同侵权造成他人损害的，应当承担连带责任。教唆、帮助他人实施侵权行为的人，为共同侵权人，同样应当承担连带民事责任。权利被侵害人可以向任何一个侵权人提出赔偿损失的要求，共同侵权人承担连带赔偿的责任。

（5）因共同债务而承担的连带责任。

根据《民法典》的规定，债务人一方人数为两个以上的，依照法律规定或当事人约定，负有连带义务的每个债务人，都负有清偿全部债务的义务，履行了义务的人，有权要求其他负有连带义务的人偿付他应当承担的份额。

（6）因产品不合格造成损害，产品的生产者、销售者承担的连带责任。

《产品质量法》第四十三条规定："因产品存在缺陷造成人身、他人财产损害的，受害人可以向产品的生产者要求赔偿，也可以向产品的销售者要求赔偿，属于产品的生产者的责任，产品的销售者赔偿的，产品的销售者有权向产品的生产者追偿。属于产品的销售者的责任，产品的生产者有权向产品的销售者追偿。"可见，因产品不合格造成损害，产品的生产者与销售者承担的是一种连带赔偿责任。

（7）因出借业务介绍信、合同专用章或盖有公章的空白合同书而承担连带责任。

1）合同签订人持有委托单位出具的介绍信签订合同的，应视为委托单位授予代理权。介绍信中对代理事项、授权范围表达不明的，委托单位对该项合同应当承担责任，合同签订人应负连带责任。

2）借用其他单位的业务介绍信、合同专用章或者盖有公章的空白合同书签订的经济合同，应当确认为无效合同，出借单位和借用人对无效合同的法律后果负连带责任。

3）借用人与出借单位有隶属关系或者承包关系，且借用人签订合同是进行正当的经营活动，则可不作为无效合同对待。但出借单位应当与借用人对合同的不履行或不完全履行负连带赔偿责任。

（8）企业法人分立后对原有债务的承担以及开办企业有过错而产生的连带责任。

根据《民法典》的规定，企业法人分立，其原债务由变更后的法人来承担。分立后的数个法人承担的是连带责任，另据原《公司法》中有关公司分立的规定，公司分立应对原有债务的承担达成协议，否则不得分立。若该协议对原有债务的承担明确到每个分立后的公司，则每个公司依协议各自承担责任；若协议仅确定了原有债务的分担比例，那么，分立后的公司对原有债务则应承担连带清偿责任。根据最高人民法院（研）复〔1987〕33号批复的规定，企业单位开办的分支企业倒闭后，如果该分支企业不具备独立法人资格，那么，应由开办该分支企业的单位负连带责任。

17. 电网企业在生产经营过程中如何恰当使用电子合同？

答：《民法典》以立法形式肯定了电子合同的发展前景，第四百九十一条吸收并扩大了《电子商务法》第四十九条的规定，将规范主体从"电子商务经营者"扩大到了所有使用互联网等信息网络发布商品或者服务信息的当事人，规定了电子合同的成立时间、交付时间的认定以及特殊的履行方式。因此，电网企业在《民法典》推行电子合同的背景下，应当优化自身的电子系统，在进行网络交易时要注意保留相关的电子凭证或者实际提供服务的时间、材料证明，并谨慎保存。

18. 合同中的要约和承诺是什么意思？

答：要约是希望与他人订立合同的意思表示，该意思表示应当符合以下条件：

（1）内容具体确定。

（2）表明经受要约人承诺，要约人即受该意思表示约束。

承诺则是指受要约人同意要约的意思表示。承诺应当以通知的方式作出；但是，根据交易习惯或者要约表明可以通过行为作出承诺的除外。商业广告和宣传的内容符合要约条件的，构成要约。

法律依据　　《民法典》第四百七十二条、第四百七十三条、第四百七十九条。

19.电网企业与用电人签订格式条款时应当注意什么?

答：《民法典》第四百九十六条规定，格式条款是当事人为了重复使用而预先拟定，并在订立合同时未与对方协商的条款。

该条第二款"提供格式条款的一方未履行提示或者说明义务，致使对方没有注意或者理解与其有重大利害关系的条款的，对方可以主张该条款不成为合同的内容"，这一法律规定明确规定了提供格式条款的一方如果没有履行提示或者说明义务，合同相对方可以主张该格式条款自始不存在，自始无效，最大程度地强化了提供格式条款的一方对格式条款的说明义务。

电网企业因其业务性质高度重复，供用电合同等多采用格式条款，作为合同的提供方，电网企业应当谨慎对待格式条款的使用次数和使用范围；有格式条款的，应当及时履行提示或者说明义务，使合同相对方注意并理解合同条款的法律效力。

法律依据　　《民法典》第四百九十六条。

20.合同生效后，当事人就有关合同内容约定不明确，怎么办?

答：《民法典》规定，合同生效后，当事人就质量、价款或者报酬、履行地点等内容没有约定或者约定不明确的，可以协议补充；不能达成补充协议的，按照合同相关条款或者交易习惯确定。

但依据上述方式仍不能确定的，适用下列规定：

（1）质量要求不明确的，按照强制性国家标准履行；没有强制性国家标准的，按照推荐性国家标准履行；没有推荐性国家标准的，按照行业标准履行；没有国家标准、行业标准的，按照通常标准或者符合合同目的的特定标准履行。

（2）价款或者报酬不明确的，按照订立合同时履行地的市场价格履行；依法应当执行政府定价或者政府指导价的，依照规定履行。

（3）履行地点不明确，给付货币的，在接受货币一方所在地履行；交付不动产的，在不动产所在地履行；其他标的，在履行义务一方所在地履行。

（4）履行期限不明确的，债务人可以随时履行，债权人也可以随时请求履行，但是应当给对方必要的准备时间。

（5）履行方式不明确的，按照有利于实现合同目的的方式履行。

（6）履行费用的负担不明确的，由履行义务一方负担；因债权人原因增加的履行费用，由债权人承担。

法律依据
Legal basis　　《民法典》第五百一十条、第五百一十一条。

21.什么是同时履行抗辩权、先履行抗辩权、不安抗辩权？

答：根据《民法典》的规定，同时履行抗辩权是指当事人互负债务，没有先后履行顺序的，应当同时履行。一方在对方履行之前有权拒绝其履行请求。一方在对方履行债务不符合约定时，有权拒绝其相应的履行请求。

先履行抗辩权则是指当事人互负债务，有先后履行顺序，应当先履行债务一方未履行的，后履行一方有权拒绝其履行请求。先履行一方履行债务不符合约定的，后履行一方有权拒绝其相应的履行请求。

而不安抗辩权则是应当先履行债务的当事人，有确切证据证明对方有下列情形之一的，可以中止履行：

（1）经营状况严重恶化。

（2）转移财产、抽逃资金，以逃避债务。

（3）丧失商业信誉。

（4）有丧失或者可能丧失履行债务能力的其他情形。

但当事人没有确切证据中止履行的，应当承担违约责任。

法律依据
Legal basis　《民法典》第五百二十五条～第五百二十七条。

22.什么情形下可以解除合同?

答：合同的解除分为约定解除和法定解除。《民法典》规定，当事人协商一致的，可以解除合同。当事人也可以约定一方解除合同的事由，解除合同的事由发生时，解除权人可以解除合同。

出现下列情形之一的，当事人可以解除合同：

（1）因不可抗力致使不能实现合同目的。

（2）在履行期限届满前，当事人一方明确表示或者以自己的行为表明不履行主要债务。

（3）当事人一方延迟履行主要债务，经催告后在合理期限内仍未履行。

（4）当事人一方延迟履行债务或者有其他违约行为致使不能实现合同目的。

（5）法律规定的其他情形。

以持续履行的债务为内容的不定期合同，当事人可以随时解除合同，但是应当在合理期限之前通知对方。

L法律依据
Legal basis 《民法典》第五百六十二条、第五百六十三条。

23.什么是违约金、定金、订金？定金和订金的区别是什么？

答：《民法典》中关于违约金规定，当事人可以约定一方违约时应当根据违约情况向对方支付一定数额的违约金，也可以约定因违约产生的损失赔偿额的计算方法。且当事人就延迟履行约定违约金的，违约方支付违约金后，还应当履行债务。

定金则是当事人可以约定一方向对方给付定金作为债权的担保。定金合同自实际交付定金时成立。定金的数额由当事人约定，但是不得超过主合同标的额的百分之二十，超过部分不产生定金的效力。债务人履行债务的，定金应当抵作价款或者收回。给付定金的一方不履行债务或者履行债务不符合约定，致使不能实现合同目的的，无权请求返还定金；收受定金一方不履行债务或者履行债务不符合约定时，致使不能实现合同目的的，应当双倍返还定金。

当事人既约定违约金又约定定金的，一方违约时，对方可以选择适用违约金或者定金条款。定金不足以弥补一方违约造成的损失的，对方可以请求赔偿超过定金数额的损失。

而订金其实就是预付款，它不是一个规范的法律概念，也不具备担保性质，属于单方面的支付行为，即便说是"定金"，要求拥有定金罚则，人民法院也不予支持，只有事先约定其为定金性质，算作定金，才可以适用。

L法律依据
Legal basis 《民法典》第五百八十五条～第五百八十八条，《最高人民法院关于适用〈中华人民共和国民法典〉合同通则若干问题的解释》第六十七条。

K 知识延伸
nowledge extension

甲经人介绍认识了销售二手车的乙，相中一辆二手车，经双方口头约定（微信转账附言），乙收取甲3000元"定金"，并说明"车辆购买定金，看不上车退定金"。甲查验了车辆后，觉得车辆售价与车情不匹配，决定取消购车，要求乙退还3000元。乙认为甲支付的3000元为购车"定金"，现甲不同意买车，定金不予退还。甲便将乙诉至法院。本案中，甲和乙明确约定"看不上车退定金"，法院最终判决乙应退还甲3000元。

"订金"与"定金"一字之差，实际上这两者在法律依据上差别极其大。本案中转账记录中写明的是"定金"，实则是支付的"预订款"，双方明确约定"看不上车退定金"，甲未相中车辆的情况下，乙应当按照约定返还。

"定金"在法律上有明确的概念，它既是履约的保证，又是一种支付，同时还是一种赔偿。简而言之，付定金不履行合同义务的，无权请求返还定金，收取定金方不履行合同义务的，双倍返还定金。

"订金"只是一个习惯用语，并非法律概念，在实践中一般被视为预付款。在交易成功时，订金充当货款；在交易失败时，订金应全额返回，收受订金的一方即使违约，仍应承担返还订金的义务。它不具有定金性质，交付订金的一方主张定金权利的，人民法院不予支持。

24.《民法典》对供电人的强制缔约义务是如何规定的？

答：《民法典》明确供电人的强制缔约义务。因电力行业生产经营的垄断与专营，使得电力行业在民事法律关系中处于优势地位，因此，在分配权利义务关系时会对供电人加以制衡。《民法典》第六百四十八条规定，供用电合同是供电人向用电人供电，用电人支付电费的合同。"向社会公众供电的供电人，不得拒绝用电人合理的订立合同要求"。该条款进一步明确电网经营主体以及其他配售电主体作为供电人的强制缔约义务，作为合同相对方的自然人、法人或其他组织可以依照此条法律规定来维护自身利益。并且该条不仅彰显了民法典在总则编维护民事缔约主体地位平等、保护弱势群体的立法原则，也是促进电力市场公平竞争的具体体现。

 案例 Case

基本案情：2007年，张某的房屋（规划用途为营业）所在小区开发商申请了用户名为某投资有限公司的电费账户，由专用变压器为小区房屋供电，现由小区物业公司管理。业主用电需向物业公司购买后使用，物业公司统一向供电公司交纳电费。2020年6月，张某在国家电网公司网上营业厅申请办理"低压居民新装"业务。供电公司工作人员现场勘验后，认为涉案房屋能够正常用电，目前不具备直接供电的条件，拒绝了张某的申请。张某认为虽然涉案房屋可以用电，但是需要向物业公司购买，比供电公司直接供电的价格高，故其起诉至人民法院要求与供电公司直接订立供电合同，由供电公司直接供电。一审人民法院认为，本案中，供电公司对包括涉案房屋在内的小区统一供电，涉案房屋可以正常用电，虽然并非供电公司直接供电，但该种供电方式的形成有其历史原因，并不违反法律规定，在此情况下，张某申请供电公司另行独立为其提供用电服务，不符合"安全、可靠、经济、合理和便于管理"的原则，其要求与电力公司直接订立合同的请求并不合理，一审法院判决驳回张某的诉讼请求。张某不服一审判决提起上诉。二审人民法院判决驳回上诉，维持原判。

根据《民法典》第六百四十八条"供用电合同是供电人向用电人供电，用电人支付电费的合同。向社会公众供电的供电人，不得拒绝用电人合理的订立合同要求"的规定，对于用电人订立合同的要求是否"合理"，应遵循"安全、可靠、经济、合理和便于管理"的原则。

本案中，张某在国家电网公司网上营业厅申请办理"低压居民新装"业务，涉案房屋所在地所属供电公司有权对其申请是否合理进行认定。张某认为其在"网上国网"APP上申请用电，供电公司就应当与其订立供用电合同，显然缺乏法律依据。现涉案房屋所在的小区由属地供电公司统一供电，可以正常用电，并不违反法律规定。综合本案情况，张某申请电力公司另行独立为其提供用电服务，不符合"安全、可靠、经济、合理和便于管理"的原则，其要求与供电公司直接订立合同的请求并不合理。至于其所述物业公司加价问题，即便确实存在，其也可以通过其他合法途径予以解决，并不能成为其要求电力公司直接供电的合理理由。

综上，本案中供电公司具有拒绝用电人申请独立供电的合理理由，从而豁免其强制缔约义务。

25.《民法典》对供电人的安全供电义务是如何规定的？

答：供电人应当按照国家规定的供电质量标准和约定安全供电。供电人未按照国家规定的供电质量标准和约定事项安全供电，造成用电人损失的，应当承担赔偿责任。

法律依据
Legal basis 《民法典》第六百五十一条。

26.《民法典》规定供用电合同应包含哪些必要条款？

答：供用电合同的内容一般包括供电的方式、质量、时间，用电容量、地址、性质，计量方式，电价、电费的结算方式，供用电设施的维护责任等条款。

法律依据
Legal basis   《民法典》第六百四十九条。

27. 供用电合同的履行地点是哪里？

答:《民法典》规定：供用电合同的履行地点，按照当事人约定；当事人没有约定或者约定不明确的，供电设施的产权分界处为履行地点。

法律依据
Legal basis   《民法典》第六百五十条。

知识延伸
Knowledge extension

《供电营业规则》第五十条　供电设施的运行维护管理范围，按产权归属确定。责任分界点按下列各项确定：

（1）公用低压线路供电的，以电能表前的供电接户线用户端最后支持物为分界点，支持物属供电企业。

（2）10（6.20）千伏以下公用高压线路供电的，以用户厂界外或配电室前的第一断路器或第一支持物为分界点，第一断路器或第一支持物属供电企业。

（3）35千伏以上公用高压线路供电的，以用户厂界外或用户变电站外第一基电杆为分界点，第一基电杆属供电企业。

（4）采用电缆供电的，本着便于维护管理的原则，分界点由供电企业与用户协商确定。

（5）产权属于用户且由用户运行维护的线路，以公用线路分支杆或专用线路接引的公用变电站外第一基电杆为分界点，专用线路第一基电杆属用户。

在电气上的具体分界点，由供用双方协商确定。

28.用电人逾期不支付电费的，怎么办？

答：《民法典》规定，用电人应当按照国家有关规定和当事人的约定及时支付电费。用电人逾期不支付电费的，应当按照约定支付违约金。经催告用电人在合理期限内仍不支付电费和违约金的，供电人可以按照国家规定的程序中止供电。

但供电人依据前款规定中止供电的，应当事先通知用电人。

法律依据
Legal basis　　《民法典》第六百五十四条。

29.出现违约用电或计量差错时，供电企业如何挽回经济损失？

答：供用电关系中，用电人因违约用电行为或者计量差错导致的供电企业出现经济损失的，用电人应依法向供电企业承担相应责任。用电人拒不补足电费的，供电企业可以合同违约责任或不当得利要求用电人承担责任。

法律依据
Legal basis　　《民法典》第一百二十二条、第五百七十七条、第六百五十四条。

30.什么是融资租赁合同？

答：融资租赁合同是指出租人根据承租人对租赁物件的特定要求和对供货人的选择，出资向供货人购买租赁物件，并租给承租人使用，承租人则分期向出租人支付租金，在租赁期内租赁物件的所有权属于出租人所有，承租人拥有承租人租赁物件的使用权。三者关系如图2-1所示。

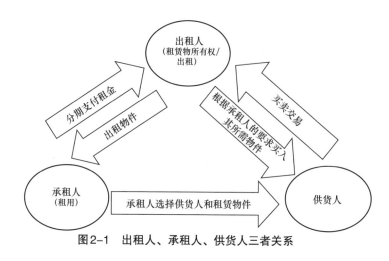

图2-1　出租人、承租人、供货人三者关系

融资租赁合同应当采用书面形式，其内容一般包括租赁物的名称、数量、规格、技术性能、检验办法，租赁期限，租金构成及其支付期限和方式、币种，租赁期限届满租赁物的归属等条款。其具有以下法律特征：

（1）融资租赁合同是诺成、要式合同。融资租赁合同经当事人意思表示一致即成立，而非以租赁物或租金的实际交付为条件。因此，融资租赁合同应为诺成合同。另根据《民法典》第七百三十六条规定，融资租赁合同应当采用书面形式，从融资租赁合同的实践来看，由于融资租赁合同的订立和履行均系比较复杂的，而且涉及金额往往比较巨大。因此，当事人未采用书面形式的，该合同应确定为无效，因此，融资租赁合同为要式合同。

（2）融资租赁合同是双务、有偿合同。在融资租赁合同中，出租人和承租人互负对待给付义务，无论是出租人还是承租人，通过履行融资租赁合同给予对方当事人一定的利益，对方当事人在取得该利益时都必须支付相应的代价。

（3）融资租赁合同主体具有特殊性。融资租赁合同的主体为三方当事人，即出租人（买受人）、承租人和出卖人（供货商）。承租人要求出租人为其融资购买承租人所必需的设备，然后由供货商直接将设备交给承租人。

法律依据
Legal basis　　《民法典》第七百三十五条、第七百三十六条。

案例
Case

甲公司需要一批打印器材，计划使用融资租赁的形式租打印器材，于是甲公司与乙租赁公司签订融资租赁合同，约定由乙公司购买打印器材，再租给甲公司，而甲公司在合同中要求出卖方必须是甲公司亲自选定的丙公司，打印器材的具体型号也需由甲公司选定。最终甲公司收到了一批打印器材，却称该产品有质量问题，拒绝支付租金，并要求乙公司协助索赔。

该案中，基于合同的相对性，甲公司与乙公司存在租赁关系，租赁物出现质量问题，甲公司需向乙公司提出赔偿。但是融资租赁合同比较特殊，租赁物的选择有时是融资租赁公司，有时是承租人，所以要根据具体的情况来判定。

根据《民法典》第七百四十一条的规定，出租人、出卖人、承租人可以约定，出卖人不履行买卖合同义务的，由承租人行使索赔的权利。

（1）如果甲、乙、丙三家公司都协商或都同意由甲公司直接向出卖人索赔的话，那么甲公司是可以直接向丙公司索赔的。

根据《民法典》第七百四十三条的规定，出租人有下列情形之一，致使承租人对出卖人行使索赔权利失败的，承租人有权请求出租人承担相应的责任：

1）明知租赁物有质量瑕疵而不告知承租人。

2）承租人行使索赔权利时，未及时提供必要协助。

出租人怠于行使只能由其对出卖人行使的索赔权利，造成承租人损失的，承租人有权请求出租人承担赔偿责任。

（2）如果三方约定，只能由出租人即乙公司进行索赔，但是在乙公司怠于行使索赔权并导致甲公司受损的情况下，甲公司可以直接要求乙公司进行赔偿。

31.什么是承揽合同？

答：承揽合同是承揽人按照定作人的要求完成工作，交付工作成果，定作人支付报酬的合同。承揽一般包括加工、定作、修理、复制、测试、检验等工作，内容包括承揽的标的、数量、质量、报酬，承揽方式，材料的提供，履行期限，验收标准和方法等条款。

法律依据
Legal basis　　《民法典》第七百七十条、第七百七十一条。

32.委托合同、行纪合同和中介合同分别指什么？

答：委托合同是委托人和受托人约定，由受托人处理委托人事务的合同。

行纪合同是行纪人以自己的名义为委托人从事贸易活动，委托人支付报酬的合同。

中介合同是中介人向委托人报告订立合同的机会或者提供订立合同的媒介服务，委托人支付报酬的合同。

法律依据
Legal basis　　《民法典》第九百一十九条、第九百五十一条、第九百六十一条。

C案例
Case

例如：甲委托乙律师为其进行与丙之间的民间借贷纠纷，甲乙之间就成立委托合同。甲为委托人，乙为受托人。

例如：甲将自己的手表委托乙公司寄卖，乙公司将甲的手表卖给丙，就成立行纪合同，乙公司是行纪人。在行纪合同中，给乙公司的报酬由委托人负担，行纪人以自己名义从事相关行为。

例如：甲将自己的房产委托乙房产中介出卖，后甲的房屋卖给了丙，成立中介合同，乙为中介人。

33. 供电人的及时抢修义务，在《民法典》中是怎样规定的？

答：《民法典》规定了供电人的及时抢修义务："因自然灾害等原因断电，供电人应当按照国家有关规定及时抢修；未及时抢修，造成用电人损失的，应当承担赔偿责任。"

因自然灾害等断电，供电人应当迅速反应，及时抢修，在合理期限内恢复供电。所谓自然灾害，是指人们所不能预见的、不能避免的、不能克服的自然现象，比如风、雪、霜、冰凌、地震等。除此之外，鸟类及第三人原因也可能引起断电。出现断电以后，供电人应当根据国家有关规定及时抢修，以减少用电人的经济损失。若供电人未尽到及时抢修的义务，将会向用电人承担赔偿责任。

法律依据
Legal basis 《民法典》第六百五十三条。

34. 根据《民法典》的规定，电网企业在进行项目建设时对建设用地使用权取得及报批义务方面要注意的地方有哪些？

答：（1）建设用地使用权的出让方式更加严格，建设用地使用权的出让方式主要有两种，有偿出让和无偿划拨。《民法典》第三百四十七条对以划拨方式设立建设用地使用权的限制更加严格。《民法典》第三百四十八条也在《物权法》的基础上，将"规划条件"这一要求加入到合同的一般条款当中。因此，电网建设项目在规划前期要严格审核合同条款中涉及土地的取得方式，履行相应报批义务，确保项目可以按期开工。

（2）明确当事人违反报批义务的法律责任。《民法典》在第五百零二条肯定了合同中报批义务条款的独立性，加重了当事人的报批义务，明确规定未办理批准等手续影响合同生效的，不影响合同中履行报批等义务条款的效力。同时，将违反报批义务的法律救济关联在违约责任上，"应当办理审批批准等手续的当事人未履行义务的，对方可以请求其承担违反该义务的责任"，将更加利于合同目的的实现，保护当事人的合法权益。电网企业在开展配网项目、环境影响评价等工作时，应当结合《中华人民共和国土地管理法》《中华人民共和国环境影响评价法》等政策法规的规定，严格履行审批、登记义务，避免承担不必要的法律责任。

法律依据
Legal basis 《民法典》第三百四十七条、第三百四十八条、第五百零二条。

35.根据《民法典》的规定，高压电致人损害，经营者应当如何承担责任？

答：《民法典》规定：从事高空、高压、地下挖掘活动或者使用高速轨道运输工具造成他人损害的，经营者应当承担侵权责任。但是，能够证明损害是因受害人故意或者不可抗力造成的，不承担责任。被侵权人对损害的发生有重大过失的，可以减轻经营者的责任。

基于电网企业中高压电致人损害的特殊性，《民法典》对其适用特殊的无过错归责原则。

该条规定将受害人的过失从"有"限制为"有重大过失"，缩小了经营者可以减轻责任范围，也是对经营者安全注意义务的更高要求。这也就要求电网企业等经营者在从事高压作业时要加强安全防范、警示，加强内部工作监督力度。同时，还需做好工作记录及证据留存，以便作为经营者已尽到安全警示义务的证据。

L 法律依据
Legal basis　《民法典》第一千二百四十条。

C 案例
Case

2019年，有群众发现某空地的配电变压器上有一具尸体，遂报警。公安机关赶至现场，经勘查发现一具男尸倒挂在位于一片拆迁空地上的变压器之上，该男子即本案死者杨某某，其生前从事过水电工作。经鉴定，杨某某系触电身亡，其死亡时手戴红色橡胶套，手套可见破损，变压器上有一白色袋子，内装剪刀、钳子等工具。该地空旷，远处外围设有围栏等，变压器离地3.5米，周围系荒地、树木等。该配电变压器位于两根电杆中间，下方为线路箱，事发时，变压器下方的线路箱门上设有"高压危险，禁止触摸"的警示标志，变压器左侧的电杆上设有"高压危险，禁止攀爬"的警示标志。杨某某家属向法院提起诉讼。

一审法院审理认为：死者杨某某并非故意触电，但其作为具有水电工从业经历的人，擅自进入变压器区域剪电缆，超出一般人的注意义务，对触电后果的发生具有严重过失，可以减轻某某供电公司的责任。事发地位于空旷的拆迁区域内，变压器周围系荒野、树木、附近未设置任何安全警示标志，某某供电公司未尽到安全警示义务，法院酌定判决供电公司承担10%

的赔偿责任。

二审法院审理认为：本案的触电事故是因杨某某攀爬至离地3.5米以上的变压器所致。对于杨某某所实施的攀爬行为，作为一个有正常行为能力、能够理性判断的个人而言，对于高压变压器及线路的危险是可以预测的，并且，如果出于善良意愿，也不会进入相对封闭的被拆迁工地，进而实施攀爬至变压器上的行为，亦不会去分析和判断涉案变压器是否保留电源。而杨某某有家用电安装经验，对于高压电变压器区域属高度危险区域的认知更高于普通人，其佩戴橡胶手套，进入被拆迁的工地，攀爬至高度超过3.5米的变压器平台上，从而导致触电身亡，变压器上还有一白色袋子，内装剪刀、钳子等工具，这些事实可以体现，杨某某的行为存在重大过错，且不具有善意。同时，高压电虽属于高度危险源，但从社会发展、便利生活的角度，在城乡各地早已广泛布设，其安全提示很难，也无须扩大至高压电源周边广阔的范围。事发现场照片显示，本案变压器下方的线路箱门上设有"高压危险，禁止触摸"的警示标志，变压器左侧的电杆上设有"高压危险，禁止攀爬"的警示标志，从安全警示的直接性和对应性功能来说，某某供电公司已完全尽到安全警示义务。另从变压器架设的高度离地约3.5米来看，亦应视为某某供电公司已经采取安全措施。人民法院对于案件审理应体现忠实于法律、维护公平正义、恪守公序良俗的职业担当，对案件裁判应体现社会价值导向，引领遵纪守法的社会风气，弘扬社会主义核心价值观。本案某某供电公司对涉案变压器已经采取安全措施并尽到警示义务，杨某某对事故的造成存在重大过错，且不具有善意，某某供电公司依法不应承担赔偿责任。

再审法院审理认为：本案的触电事故是因杨某某攀爬至离地3.5米以上的变压器所致。而杨某某具有较丰富的家用电安装经验，对于变压器区域属于高度危险区域的认知更高于普通人，其佩戴橡胶手套，进入被拆迁的工地、攀爬至高度超过 3.5 米的变压器平台上，从而导致触电意外身亡，变压器上还有一白色袋子，内装剪刀、钳子等工具。杨某某自身存在重大过错，且不具有善意。另，本案变压器下方的线路箱门上设有"高压危险，禁止触摸"的警示标志，变压器左侧的电杆上设有"高压危险，禁止攀爬"的警示标志，且变压器架设的高度离地超过 3.5 米，某某供电公司对涉案变压器已采取了安全措施，并尽到了警示义务，杨某某对事故的发生存在重大过错且不具有善意，某某供电公司不应承担赔偿责任。

36. 电网企业进行地下施工或者窨井管理方面要注意哪些安全义务？

答：《民法典》中规定：在公共场所或者道路上挖掘、修缮安装地下设施等造成他人损害，施工人不能证明已经设置明显标志和采取安全措施的，应当承担侵权责任。

窨井等地下设施造成他人损害，管理人不能证明尽到管理职责的，应当承担侵权责任。

电网企业铺设、维修管道的时候，通常需要占据公共场所或者在道路上进行挖掘、施工等活动，应设置明显标志和采取安全措施，还应就设置明显标志和采取安全措施进行影像资料记录留存，充分证明已尽到相关义务。施工完毕必须清理现场，消除施工安全隐患。

法律依据
Legal basis 《民法典》第一千二百五十八条。

37. 电网企业进行施工建设时，对堆放的施工材料等造成他人损害的，要承担什么样的责任？

答：《民法典》规定：堆放物倒塌、滚落或者滑落造成他人损害，堆放人不能证明自己没有过错的，应当承担侵权责任。

电网企业在进行施工建设时，应注意对施工场地内堆放的施工材料进行安全保护措施并设置安全警示标识，以避免在发生相关损害结果时承担责任。施工完毕必须清理现场，消除施工安全隐患。

法律依据
Legal basis 《民法典》第一千二百五十五条。

刑法篇

法令所以导民也，刑罚所以禁奸也

——西汉·司马迁

没有法律就没有犯罪

没有法律就没有刑罚

——近代刑法之父·费尔巴哈

1. 违法就是犯罪吗？

答： 违法不等于犯罪，但是违法行为严重的，可能构成犯罪。违法，是违反法律法规规定的行为，致使法律所保护的社会关系和社会秩序受到破坏，依法应承担法律责任的行为。但是只有违反《中华人民共和国刑法》（以下简称《刑法》）的行为才构成犯罪。

《刑法》规定一切危害国家主权、领土完整和安全，分裂国家、颠覆人民民主专政的政权和推翻社会主义制度，破坏社会秩序和经济秩序，侵犯国有财产或者劳动群众集体所有的财产，侵犯公民私人所有的财产，侵犯公民的人身权利、民主权利和其他权利，以及其他危害社会的行为，依照法律应当受刑罚处罚的，都是犯罪，但是情节显著轻微危害不大的，不认为是犯罪。

法律依据
Legal basis 《刑法》第十三条。

2. 单位犯罪是什么？

答： 由公司、企业、事业单位、机关、团体所实施的，具有危害性的，依法应当承担刑事责任的行为是单位犯罪。

单位犯罪具有如下基本特征如下：

（1）单位犯罪的主体包括公司、企业、事业单位、机关、团体。

（2）单位犯罪必须是在单位意志支配下由单位内部成员实施的犯罪，必须经单位集体研究决定或由其负责人员决定实施。

（3）单位犯罪必须由《刑法》明确规定。

《刑法》规定：公司、企业、事业单位、机关、团体实施的危害社会的行为，法律规定为单位犯罪的，应当负刑事责任。

单位犯罪采用"双罚制"。单位犯罪的，对单位判处罚金，并对其直接负责的主管人员和其他直接责任人员判处刑罚。另有规定的，依照规定。

法律依据
Legal basis
《刑法》第三十条、第三十一条。

3. 盗用单位名义实施犯罪，犯罪所得由实施犯罪的个人私分的，如何处理？

答： 盗用单位名义实施犯罪，违法所得由实施犯罪的个人私分的，依照《刑法》有关自然人犯罪的规定定罪处罚。个人为进行违法犯罪活动而设立的公司、企业、事业单位实施犯罪的，或者公司、企业、事业单位设立后，以实施犯罪为主要活动的，不以单位犯罪论处。

法律依据
Legal basis
《最高人民法院关于审理单位犯罪案件具体应用法律有关问题的解释》第三条。

4. 单位的分支机构或者内设机构、部门实施的犯罪行为如何处理？

答： 单位的分支机构或者内设机构、部门实施的犯罪行为应认定为单位犯罪。

知识延伸
Knowledge extension

最高人民法院《关于印发〈全国法院审理金融犯罪案件工作座谈会纪要〉的通知》（法〔2001〕8号）中规定："单位的分支机构或者内设机构、部门实施犯罪行为的处理。以单位的分支机构或者内设机构、部门的名义实施犯罪，违法所得亦归分支机构或者内设机构、部门所有的，应认定为单位犯罪。不能因为单位的分支机构或者内设机构、部门没有可供执行罚金的财产，就不将其认定为单位犯罪，而按照个人犯罪处理。"

最高人民检察院法律政策研究室《关于国有单位的内设机构能否构成单位受贿罪主体问题的答复》（〔2006〕高检研发8号）中对陕西省人民检察院法律政策研究室的《关于国家机关、国有公司、企业、事业单位、人民团体的内设机构能否构成单位受贿罪主体的请示》（陕检研发〔2005〕13号）答复："国有单位的内设机构利用其行使职权的便利，索取、非法收受他人财物并归该内设机构所有或者支配，为他人谋取利益，情节严重的，依照《刑法》第三百八十七条的规定以单位受贿罪追究刑事责任。上述内设机构在经济往来中，在账外暗中收受各种名义的回扣、手续费的，以受贿论。"

5.《刑法》中规定的我国刑罚种类有哪些？

答：《刑法》中规定我国的刑罚种类分为主刑和附加刑。主刑的种类包括：管制；拘役；有期徒刑；无期徒刑；死刑。附加刑的种类包括：罚金；剥夺政治权利；没收财产。

附加刑也可以独立适用。对于犯罪的外国人，可以独立适用或者附加适用驱逐出境。

其中，管制的期限为三个月以上二年以下；拘役的期限为一个月以上六个月以下；有期徒刑的期限除《刑法》第五十条、六十九条的规定外，为六个月以上十五年以下。

法律依据 Legal basis 《刑法》第三十条～第三十五条、第三十八条、第四十二条、第四十五条。

知识延伸 Knowledge extension

《刑法》第五十条 【死缓变更】判处死刑缓期执行的，在死刑缓期执行期间，如果没有故意犯罪，二年期满以后，减为无期徒刑；如果确有重大立功表现，二年期满以后，减为二十五年有期徒刑；如果故意犯罪，情节恶劣的，报请最高人民法院核准后执行死刑；对于故意犯罪未执行死刑的，死刑缓期执行的期间重新计算，并报最高人民法院备案。

对被判处死刑缓期执行的累犯以及因故意杀人、强奸、抢劫、绑架、放火、爆炸、投放危险物质或者有组织的暴力性犯罪被判处死刑缓期执行的犯罪分子，人民法院根据犯罪情节等情况可以同时决定对其限制减刑。

第六十九条 【判决宣告前一人犯数罪的并罚】判决宣告以前一人犯数罪的，除判处死刑和无期徒刑的以外，应当在总和刑期以下、数刑中最高刑期以上，酌情决定执行的刑期，但是管制最高不能超过三年，拘役最高不能超过一年，有期徒刑总和刑期不满三十五年的，最高不能超过二十年，总和刑期在三十五年以上的，最高不能超过二十五年。

数罪中有判处有期徒刑和拘役的，执行有期徒刑。数罪中有判处有期徒刑和管制，或者拘役和管制的，有期徒刑、拘役执行完毕后，管制仍须执行。

数罪中有判处附加刑的，附加刑仍须执行，其中附加刑种类相同的，合并执行，种类不同的，分别执行。

6. 涉窨井盖相关刑事法律责任有哪些?

答: 2020年3月16日，最高人民法院、最高人民检察院、公安部联合发布了《关于办理涉窨井盖相关刑事案件的指导意见》（以下简称《指导意见》），对依法惩治盗窃、破坏窨井盖以及相关职能部门失职渎职犯罪相关法律适用作出明确规定。同时，《指导意见》突出打击涉窨井盖职务类犯罪与普通犯罪并重，给相关管理者敲响警钟，明确坚决打击相关职务犯罪，将负有监管职责的国家机关工作人员，依法或受委托行使行政管理职权的公司、企业、事业单位的工作人员均纳入进来，构成玩忽职守罪、滥用职权罪、过失致人重伤罪、过失致人死亡罪的，坚决依法追究刑事责任。

在生产、作业中违反有关安全管理的规定，擅自移动窨井盖或者未做好安全防护措施等，发生重大伤亡事故或者造成其他严重后果的，依照《刑法》第一百三十四条第一款的规定，以重大责任事故罪定罪处罚。窨井盖建设、设计、施工、工程监理单位违反国家规定，降低工程质量标准，造成重大安全事故的，依照《刑法》第一百三十七条的规定，以工程重大安全事故罪定罪处罚。

对窨井盖负有管理职责的其他公司、企业、事业单位的工作人员，严重不负责任，导致人员坠井等事故，致人重伤或者死亡，符合《刑法》第二百三十五条、第二百三十三条规定的，分别以过失致人重伤罪、过失致人死亡罪定罪处罚。

L 法律依据 《关于办理涉窨井盖相关刑事案件的指导意见》。
egal basis

K 知识延伸
nowledge extension

《刑法》第一百三十四条第一款 【重大责任事故罪】在生产、作业中违反有关安全管理的规定，因而发生重大伤亡事故或者造成其他严重后果的，处三年以下有期徒刑或者拘役；情节特别恶劣的，处三年以上七年以下有期徒刑。

第一百三十七条 【工程重大安全事故罪】建设单位、设计单位、施工单位、工程监理单位违反国家规定，降低工程质量标准，造成重大安全事故的，对直接责任人员，处五年以下有期徒刑或者拘役，并处罚金；后果特别严重的，处五年以上十年以下有期徒刑，并处罚金。

第二百三十五条 【过失致人重伤罪】过失伤害他人致人重伤

的，处三年以下有期徒刑或者拘役。本法另有规定的，依照规定。

第二百三十三条 【过失致人死亡罪】过失致人死亡的，处三年以上七年以下有期徒刑；情节较轻的，处三年以下有期徒刑。本法另有规定的，依照规定。

7. 实施故意破坏电力设备可能构成什么犯罪?

答:《刑法》规定:破坏电力、燃气或者其他易燃易爆设备，危害公共安全，尚未造成严重后果的，处三年以上十年以下有期徒刑。

破坏交通工具、交通设施、电力设备、燃气设备、易燃易爆设备，造成严重后果的，处十年以上有期徒刑、无期徒刑或者死刑。过失犯前款罪的，处三年以上七年以下有期徒刑；情节较轻的，处三年以下有期徒刑或者拘役。

法律依据
Legal basis 《刑法》第一百一十八条、第一百一十九条。

知识延伸
Knowledge extension

该罪中的电力设备，是指用于发电、供电、输电、变电的各种设备，包括:

（1）火力发电厂的热力设备，如锅炉、汽轮机、燃气机等；水力发电厂的水轮机和水力建筑物，如水坝、闸门、水渠、隧道、调压井、蓄电池、压力水管等。

（2）供电系统的供电设备，如发电机包括励磁系统、调相机、变波机、变压器、高压线路、拉线、接地装置、导线、避雷线、金具、绝缘子、登杆塔的抓梯和脚钉，导线跨越航道的保护设施，巡（保）线站，巡视检修专用道路、船舶和桥梁、标志牌及附属设施。

（3）电力电缆线路，架空、地下、水底电力电缆和电缆联结装置，电缆管道、电缆隧道、电缆沟、电缆桥、电缆井、盖板、人孔、标石、水线标志牌及附属设施。

（4）电力线路上的变压器、断路器、隔离开关、避雷器、互感器、熔断器、计量仪表装置、配电室、箱式变电站及附属设施。

上述电力设备还必须正在使用中，如果没有使用，如正在制造、运输、安装、架设或尚在库存中，行为人对其进行破坏也就不构成破坏电力设备罪。

最高人民检察院《关于破坏电力设备罪几个问题的批复》（高检研发字〔1986〕16号）指出：

（1）尚未安装完毕的农用低压照明电线路，不属于正在使用中的电力设备。行为人即使盗走其中架设好的部分的电线，也不致对公共安全造成危害，其行为应以盗窃定性。

（2）已经通电使用，只是由于枯水季节或电力不足等原因，而暂停供电的线路，仍应认为是正在使用的线路。行为人偷割这类线路中的电线，如果构成犯罪，应按破坏电力设备罪追究其刑事责任。

（3）对偷割已经安装完毕，但还未供电的电力线路的行为，应分别不同情况处理。如果偷割的是未正式交付电力部门使用的线路，应按盗窃案件处理。如果行为人明知线路已交付电力部门使用而偷割电线的，应定为破坏电力设备罪。

8.过失破坏电力设备的，要承担刑事责任吗?

答： 过失破坏电力设备仍要承担刑事责任。《刑法》规定：过失破坏电力设施，造成严重后果的，处三年以上七年以下有期徒刑；情节较轻的，处三年以下有期徒刑或者拘役。

L 法律依据
egal basis 《刑法》第一百一十九条。

9. 破坏电力设备有什么样的情形将被认为"造成严重后果"？

答： 根据《最高人民法院关于审理破坏电力设备刑事案件具体应用法律若干问题的解释》的规定，破坏电力设备的严重后果是指具有以下情形之一的：

（1）造成一人以上死亡、三人以上重伤或者十人以上轻伤的。

（2）造成一万以上用户电力供应中断六小时以上，致使生产、生活受到严重影响的。

（3）造成直接经济损失一百万元以上的。

（4）造成其他危害公共安全严重后果的。

法律依据
Legal basis   《最高人民法院关于审理破坏电力设备刑事案件具体应用法律若干问题的解释》第一条。

10. 交通肇事罪、危险驾驶罪、妨害安全驾驶罪之间有何区别？

答：（1）交通肇事罪是指违反交通运输管理法规因而发生重大事故，致人重伤、死亡或者使公私财产遭受重大损失的，处三年以下有期徒刑或者拘役；交通运输肇事后逃逸或者有其他特别恶劣情节的，处三年以上七年以下有期徒刑；因逃逸致人死亡的，处七年以上有期徒刑。

（2）危险驾驶罪是指在道路上驾驶机动车，具有以下情形之一的：

1）追逐竞驶，情节恶劣的。

2）醉酒驾驶机动车的。

3）从事校车业务或者旅客运输，严重超过额定乘员载客，或者严重超过规定时速行驶的。

4）违反危险化学品安全管理规定运输危险化学品，危及公共安全的。

犯危险驾驶罪的，处拘役，并处罚金。机动车所有人、管理人对前款第三项、第四项行为负有直接责任的，依照前述的规定处罚。有前两款行为，同时构成其他犯罪的，依照处罚较重的规定定罪处罚。

（3）妨害安全驾驶罪是指对行驶中的公共交通工具的驾驶人员使用暴力或者抢控驾驶操纵装置，干扰公共交通工具正常行驶，危及公共安全的行为，对该行为处一年以下有期徒刑、拘役或者管制，并处或者单处罚金。上述驾驶人员在行驶的公共交通工具上擅离职守，与他人互殴或者殴打他人，危及公共安全的，依照前款的规定处罚。有前两款行为，同时构成其他犯罪的，依照处罚较重的规定定罪处罚。

法律依据
Legal basis 《刑法》第一百三十三条、第一百三十三条之一、第一百三十三条之二。

11.什么是重大责任事故罪？

答： 重大责任事故罪是指在生产、作业中违反有关安全管理的规定，因而发生重大伤亡事故或者造成其他严重后果的，处三年以下有期徒刑或者拘役；情节特别恶劣的，处三年以上七年以下有期徒刑。

法律依据
Legal basis 《刑法》第一百三十四条。

解读：

"违反有关安全管理规定"是指违反有关生产安全的法律、法规、规章制度。具体包括以下三种情形：

（1）国家颁布的各种有关安全生产的法律、法规等规范性文件。

（2）企业、事业单位及其上级管理机关制定的反映安全生产客观规律的各种规章制度，包括工艺技术、生产操作、技术监督、劳动保护、安全管理等方面的规程、规则、章程、条例、办法和制度。

（3）虽无明文规定，但反映生产、科研、设计、施工的安全操作客观规律和要求，在实践中为职工所公认的行之有效的操作习惯和惯例等。

12. 什么是强令、组织他人违章冒险作业罪？

答：强令、组织他人违章冒险作业罪是指强令他人违章冒险作业，或者明知存在重大事故隐患而不排除，仍冒险组织作业，因而发生重大伤亡事故或者造成其他严重后果的，处五年以下有期徒刑或者拘役；情节特别恶劣的，处五年以上有期徒刑。

法律依据
Legal basis 《刑法》第一百三十四条。

解读：

最高人民法院、最高人民检察院《关于办理危害生产安全刑事案件适用法律若干问题的解释（二）》（法释〔2022〕19号）中规定，明知存在事故隐患，继续作业存在危险，仍然违反有关安全管理的规定，有下列情形之一的，属于《刑法》第一百三十四条第二款规定的"强令他人违章冒险作业"：

（1）以威逼、胁迫、恐吓等手段，强制他人违章作业的。

（2）利用组织、指挥、管理职权，强制他人违章作业的。

（3）其他强令他人违章冒险作业的情形。

明知存在重大事故隐患，仍然违反有关安全管理的规定，不排除或者故意掩盖重大事故隐患，组织他人作业的，属于《刑法》第一百三十四条第二款规定的"冒险组织作业"。

K 知识延伸
nowledge extension

《刑法》第一百三十四条第二款 【强令、组织他人违章冒险作业罪】强令他人违章冒险作业，或者明知存在重大事故隐患而不排除，仍冒险组织作业，因而发生重大伤亡事故或者造成其他严重后果的，处五年以下有期徒刑或者拘役；情节特别恶劣的，处五年以上有期徒刑。

13. 什么是危险作业罪？

答："危险作业罪"入刑，是我国《刑法》首次对安全生产领域未发生重大伤亡事故或未造成严重后果，但有现实危险的违法行为追究刑事责任。

根据《刑法》第一百三十四条之一、《中华人民共和国刑法修正案（十一）》规定，在生产、作业中违反有关安全管理的规定，有下列情形之一，具有发生重大伤亡事故或者其他严重后果的现实危险的，处一年以下有期徒刑、拘役或者管制：

（1）关闭、破坏直接关系生产安全的监控、报警、防护、救生设备、设施，或者篡改、隐瞒、销毁其相关数据、信息的。

（2）因存在重大事故隐患被依法责令停产停业、停止施工、停止使用有关设备、设施、场所或者立即采取排除危险的整改措施，而拒不执行的。

（3）涉及安全生产的事项未经依法批准或者许可，擅自从事矿山开采、金属冶炼、建筑施工，以及危险物品生产、经营、存储等高度危险的生产作业活动的。

L 法律依据
egal basis 《刑法》第一百三十四条之一、《中华人民共和国刑法修正案（十一）》第四条。

25

14. 什么是重大劳动安全事故罪?

答: 重大劳动安全事故罪, 是指工厂、矿山、林场、建筑企业或者其他企业、事业单位的劳动安全设施不符合国家的规定, 经有关部门或者单位职工提出后, 对事故隐患仍不采取措施, 因而发生重大伤亡事故或者其他严重后果的行为。该罪的犯罪主体是单位中对排除事故隐患、防止事故发生负有职责义务的主管人员和其他直接责任人员。

《刑法》规定, 安全生产设施或者安全生产条件不符合国家规定, 因而发生重大伤亡事故或者造成其他严重后果的, 对直接负责的主管人员和其他直接责任人员, 处三年以下有期徒刑或者拘役; 情节特别恶劣的, 处三年以上七年以下有期徒刑。

法律依据 Legal basis 《刑法》第一百三十五条。

15. 什么是工程重大安全事故罪?

答: 工程重大安全事故罪是指建设单位、设计单位、施工单位、工程监理单位违反国家规定, 降低工程质量标准, 造成重大安全事故的。对直接责任人员, 处五年以下有期徒刑或者拘役, 并处罚金; 后果特别严重的, 处五年以上十年以下有期徒刑, 并处罚金。

法律依据 Legal basis 《刑法》第一百三十七条。

16. 什么是不报、缓报安全事故罪?

答: 不报、缓报安全事故罪是指在安全事故发生后, 负有报告职责的人员不报或者缓报事故情况, 贻误事故抢救。情节严重的, 处三年以下有期徒刑或者拘役; 情节特别严重的, 处三年以上七年以下有期徒刑。

法律依据
Legal basis　　《刑法》第一百三十九条之一。

---

17. 在危害安全生产刑事案件中，什么情形应当被认定为"造成严重后果""发生重大伤亡事故或者造成其他严重后果"？

答： 最高人民法院、最高人民检察院《关于办理危害生产安全刑事案件适用法律若干问题的解释》的规定，实施《刑法》第一百三十二条、第一百三十四条第一款、第一百三十五条、第一百三十五条之一、第一百三十六条、第一百三十九条规定的行为，因而发生安全事故，具有下列情形之一的，应当认定为"造成严重后果"或者"发生重大伤亡事故或者造成其他严重后果"：

（1）造成死亡一人以上，或者重伤三人以上的。

（2）造成直接经济损失一百万元以上的。

（3）其他造成严重后果或者重大安全事故的情形。

法律依据
Legal basis　　最高人民法院、最高人民检察院《关于办理危害生产安全刑事案件适用法律若干问题的解释》第六条。

知识延伸
Knowledge extension

《刑法》第一百三十二条 【铁路运营安全事故罪】铁路职工违反规章制度，致使发生铁路运营安全事故，造成严重后果的，处三年以下有期徒刑或者拘役；造成特别严重后果的，处三年以上七年以下有期徒刑。

第一百三十四条第一款 【重大责任事故罪】在生产、作业中违反有关安全管理的规定，因而发生重大伤亡事故或者造成其他严重后果的，处三年以下有期徒刑或者拘役；情节特别恶劣的，处三年以上七年以下有期徒刑。

第一百三十五条 【重大劳动安全事故罪】安全生产设施或者安全生产条件不符合国家规定，因而发生重大伤亡事故或者造成其他严重后果的，对直接负责的主管人员和其他直接责任人员，处三年以下有期徒刑或者拘役；情节特别恶劣的，处三年以上七年以下有期徒刑。

第一百三十五条之一 【大型群众性活动重大安全事故罪】举办大型群众性活动违反安全管理规定，因而发生重大伤亡事故或者造成其他严重后果的，对直接负责的主管人员和其他直接责任人员，处三年以下有期徒刑或者拘役；情节特别恶劣的，处三年以上七年以下有期徒刑。

第一百三十六条 【危险物品肇事罪】违反爆炸性、易燃性、放射性、毒害性、腐蚀性物品的管理规定，在生产、储存、运输、使用中发生重大事故，造成严重后果的，处三年以下有期徒刑或者拘役；后果特别严重的，处三年以上七年以下有期徒刑。

第一百三十九条 【消防责任事故罪】违反消防管理法规，经消防监督机构通知采取改正措施而拒绝执行，造成严重后果的，对直接责任人员，处三年以下有期徒刑或者拘役；后果特别严重的，处三年以上七年以下有期徒刑。

18. 什么是非法经营同类营业罪？此罪的立案追诉标准是什么？

答： 根据《刑法》规定，非法经营同类营业罪是指国有公司、企业的董事、经理利用职务便利，自己经营或者为他人经营与其所任职公司、企业同类的营业，获取非法利益的行为。数额巨大的，处三年以下有期徒刑或者拘役，并处或者单处罚金；数额特别巨大的，处三年以上七年以下有期徒刑，并处罚金。

法律依据
Legal basis 《刑法》第一百六十五条。

知识延伸
Knowledge extension

原《最高人民检察院、公安部关于公安机关管辖的刑事案件立案追诉标准的规定（二）》第十二条中规定，国有公司、企业的董事、经理利用职务便利，自己经营或者为他人经营与其所任职公司、企业同类的营业，获取非法利益，数额在十万元以上的，应予立案追诉。

19. 什么是为亲友非法牟利罪？此罪的立案追诉标准是什么？

答： 为亲友非法牟利罪是指国有公司、企业、事业单位的工作人员，利用职务便利，有下列情形之一，使国家利益遭受重大损失的，对该行为处三年以下有期徒刑或者拘役，并处或者单处罚金；致使国家利益遭受特别重大损失的，处三年以上七年以下有期徒刑，并处罚金：

（1）将本单位的盈利业务交由自己的亲友进行经营的。

（2）以明显高于市场的价格向自己的亲友经营管理的单位采购商品或者以明显低于市场的价格向自己的亲友经营管理的单位销售商品的。

（3）向自己的亲友经营管理的单位采购不合格商品的。

法律依据
Legal basis 《刑法》第一百六十六条。

知识延伸
Knowledge extension

原《最高人民检察院、公安部关于公安机关管辖的刑事案件立案追诉标准的规定（二）》第十三条规定，国有公司、企业、事业单位的工作人员，利用职务便利，为亲友非法牟利，涉嫌下列情形之一的，应予立案追诉：

（1）造成国家直接经济损失数额在十万元以上的。

（2）使其亲友非法获利数额在二十万元以上的。

（3）造成有关单位破产、停业、停产六个月以上，或者被吊销许可证和营业执照、责令关闭、撤销、解散的。

（4）其他致使国家利益遭受重大损失的情形。

20. 什么是签订、履行合同失职被骗罪？此罪的立案追诉标准是什么？

答： 签订、履行合同失职被骗罪是指国有公司、企业、事业单位直接负责的主管人员，在签订、履行合同过程中，因严重不负责任被诈骗，致使国家利益遭受重大损失的，处三年以下有期徒刑或者拘役；致使国家利益遭受特别巨大损失的，处三年以上七年以下有期徒刑。

法律依据
Legal basis 《刑法》第一百六十七条。

知识延伸
Knowledge extension

原《最高人民检察院、公安部关于公安机关管辖的刑事案件立案追诉标准的规定（二）》第十四条规定，国有公司、企业、事业单位直接负责的主管人员，在签订、履行合同过程中，因严重不负责任被诈骗，涉嫌下列情形之一的，应予立案追诉：

（1）造成国家直接经济损失数额在五十万元以上的。

（2）造成有关单位破产、停业、停产六个月以上，或者被吊销许可证和营业执照、责令关闭、撤销、解散的。

（3）其他致使国家利益遭受重大损失的情形。

21.什么是国有公司、企业、事业单位人员失职罪，国有公司、企业、事业单位人员滥用职权罪？此罪的立案追诉标准是什么？

答：《刑法》规定：国有公司、企业的工作人员，由于严重不负责任或者滥用职权，造成国有公司、企业破产或者严重损失，致使国家利益遭受重大损失的，处三年以下有期徒刑或者拘役；致使国家利益遭受特别重大损失的，处三年以上七年以下有期徒刑。

国有事业单位的工作人员有前款行为，致使国家利益遭受重大损失的，依照前款的规定处罚。

国有公司、企业、事业单位的工作人员，徇私舞弊，犯前两款罪的，依照第一款的规定从重处罚。

法律依据
Legal basis 《刑法》第一百六十八条。

知识延伸
nowledge extension

原《最高人民检察院、公安部关于公安机关管辖的刑事案件立案追诉标准的规定（二）》规定国有公司、企业、事业单位的工作人员，**严重不负责任**，涉嫌下列情形之一的，应予立案追诉：

（1）造成国家直接经济损失数额在五十万元以上的。

（2）造成有关单位破产，停业、停产一年以上，或者被吊销许可证和营业执照、责令关闭、撤销、解散的。

（3）其他致使国家利益遭受重大损失的情形。

原《最高人民检察院、公安部关于公安机关管辖的刑事案件立案追诉标准的规定（二）》规定，国有公司、企业、事业单位的工作人员，**滥用职权**，涉嫌下列情形之一的，应予立案追诉：

（1）造成国家直接经济损失数额在三十万元以上的。

（2）造成有关单位破产，停业、停产六个月以上，或者被吊销许可证和营业执照、责令关闭、撤销、解散的。

（3）其他致使国家利益遭受重大损失的情形。

注：2022年国家监察委员会印发的《关于办理国有企业管理人员渎职犯罪案件适用法律若干问题的意见》围绕非法经营同类营业罪，为亲友非法牟利罪，国有公司、企业人员失职罪和国有公司、企业人员滥用职权罪等4类案件的法律适用问题，主要明确和解决了追诉标准、犯罪主体、犯罪地、"国家利益遭受损失"及挽回后处置、犯罪构成的认定标准等问题。同时，该《意见》中规定由国家监委会同"两高"出台新的追诉标准，对新规定出台之前的案件可相应参照原《立案追诉标准（二）》把握。对新规定出台之后的案件，要根据"从旧兼从轻"原则进行处置。

22.什么是徇私舞弊低价折股、出售国有资产罪？此罪的立案追诉标准是什么？

答：徇私舞弊低价折股、出售国有资产罪是指国有公司、企业或者其上级主管部门直接负责的主管人员，徇私舞弊，将国有资产低价折股或者低价出售，致使国家利益遭受重大损失的，处三年以下有期徒刑或者拘役；致使国家利益遭受特别重大损失的，处三年以上七年以下有期徒刑。

国有公司、企业或者其上级主管部门直接负责的主管人员，徇私舞弊，将国有资产低价折股或者低价出售，涉嫌下列情形之一的，应予立案追诉：

（1）造成国家直接经济损失数额在三十万元以上的。

（2）造成有关单位破产，停业、停产六个月以上，或者被吊销许可证和营业执照、责令关闭、撤销、解散的。

（3）其他致使国家利益遭受重大损失的情形。

法律依据
Legal basis 《刑法》第一百六十九条。

23. 什么是洗钱罪？

答：洗钱罪是指为掩饰、隐瞒毒品犯罪、黑社会性质的组织犯罪、恐怖活动犯罪、走私犯罪、贪污贿赂犯罪、破坏金融管理秩序犯罪、金融诈骗犯罪的所得及其产生的收益的来源和性质，有下列行为之一的：

（1）提供资金账户的。

（2）将财产转换为现金、金融票据、有价证券的。

（3）通过转账或者其他支付结算方式转移资金的。

（4）跨境转移资产的。

（5）以其他方法掩饰、隐瞒犯罪所得及其收益的来源和性质的。

有上列情形之一的，没收实施以上犯罪的所得及其产生的收益，处五年以下有期徒刑或者拘役，并处或者单处罚金；情节严重的，处五年以上十年以下有期徒刑，并处罚金。

单位犯前款罪的，对单位判处罚金，并对其直接负责的主管人员和其他直接责任人员，依照前款的规定处罚。

法律依据
Legal basis 《刑法》第一百九十一条。

24. 什么是假冒注册商标罪？

答：假冒注册商标罪是指未经注册商标所有人许可，在同一种商品、服务上使用与其注册商标相同的商标。情节严重的，处三年以下有期徒刑，并处或者单处罚金；情节特别严重的，处三年以上十年以下有期徒刑，并处罚金。

法律依据
Legal basis 《刑法》第二百一十三条。

25.什么是侵犯著作权罪？

答： 侵犯著作权罪是指以营利为目的，有下列侵犯著作权或者与著作权有关的权利的情形之一：

（1）未经著作权人许可，复制发行、通过信息网络向公众传播其文字作品、音乐、美术、视听作品、计算机软件及法律、行政法规规定的其他作品的。

（2）出版他人享有专有出版权的图书的。

（3）未经录音录像制作者许可，复制发行、通过信息网络向公众传播其制作的录音录像的。

（4）未经表演者许可，复制发行录有其表演的录音录像制品，或者通过信息网络向公众传播其表演的。

（5）制作、出售假冒他人署名的美术作品的。

（6）未经著作权人或者与著作权有关的权利人许可，故意避开或者破坏权利人为其作品、录音录像制品等采取的保护著作权或者与著作权有关的权利的技术措施的。

有上述行为的，违法所得数额较大或者有其他严重情节的，处三年以下有期徒刑，并处或者单处罚金；违法所得数额巨大或者有其他特别严重情节的，处三年以上十年以下有期徒刑，并处罚金。

法律依据
Legal basis 《刑法》第二百一十七条。

26.什么是损害商业商誉、商品声誉罪？此罪的立案追诉标准是什么？

答： 损害商业商誉、商品声誉罪是指捏造并散布虚伪事实，损害他人的商业信誉、商品声誉的行为，给他人造成重大损失或者有其他严重情节的，处二年以下有期徒刑或者拘役，并处或者单处罚金。

法律依据
Legal basis 《刑法》第二百二十一条。

知识延伸
nowledge extension

《最高人民检察院、公安部关于公安机关管辖的刑事案件立案追诉标准的规定（二）》第六十六条规定，捏造并散布虚伪事实，损害他人的商业信誉、商品声誉，涉嫌下列情形之一的，应予立案追诉：

（1）给他人造成直接经济损失数额在五十万元以上的。

（2）虽未达到上述数额标准，但造成公司、企业等单位停业、停产六个月以上，或者破产的。

（3）其他给他人造成重大损失或者有其他严重情节的情形。

27. 什么是串通投标罪？此罪的立案追诉标准是什么？

答：串通投标罪是指投标人相互串通投标报价，损害招标人或者其他投标人利益，情节严重的，处三年以下有期徒刑或者拘役，并处或者单处罚金。

投标人与招标人串通投标，损害国家、集体、公民的合法利益的，依照前款的规定处罚。

法律依据
Legal basis 《刑法》第二百二十三条。

知识延伸
nowledge extension

《最高人民检察院、公安部关于公安机关管辖的刑事案件立案追诉标准的规定（二）》第六十八条规定，投标人相互串通投标报价，或者投标人与招标人串通投标，涉嫌下列情形之一的，应予追诉：

（1）损害招标人、投标人或者国家、集体、公民的合法利益，造成直接经济损失数额在五十万元以上的。

（2）违法所得数额在二十万元以上的。

（3）中标项目金额在四百万元以上的。

（4）采取威胁、欺骗或者贿赂等非法手段的。

（5）虽未达到上述数额标准，但二年内因串通投标受过二次以上行政处罚，又串通投标的。

（6）其他情节严重的情形。

28. 什么是合同诈骗罪？此罪的立案追诉标准是什么？

答：《刑法》规定，有下列情形之一，以非法占有为目的，在签订、履行合同过程中，骗取对方当事人财物，数额较大的，处三年以下有期徒刑或者拘役，并处或者单处罚金；数额巨大或者有其他严重情节的，处三年以上十年以下有期徒刑，并处罚金；数额特别巨大或者有其他特别严重情节的，处十年以上有期徒刑或者无期徒刑，并处罚金或者没收财产：

（1）以虚构的单位或者冒用他人名义签订合同的。

（2）以伪造、变造、作废的票据或者其他虚假的产权证明作担保的。

（3）没有实际履行能力，以先履行小额合同或者部分履行合同的方法，诱骗对方当事人继续签订和履行合同的。

（4）收受对方当事人给付的货物、货款、预付款或者担保财产后逃匿的。

（5）以其他方法骗取对方当事人财物的。

法律依据　　《刑法》第二百二十四条。

知识延伸

《最高人民检察院、公安部关于公安机关管辖的刑事案件立案追诉标准的规定（二）》第六十九条规定，以非法占有为目的，在签订、履行合同过程中，骗取对方当事人财物，数额在二万元以上的，应予立案追诉。

29. 盗窃电能在《刑法》上是如何规定的？

答： 盗窃公私财物，数额较大或者多次盗窃的，处三年以下有期徒刑、拘役或者管制，并处或者单处罚金；数额巨大或者有其他严重情节的，处三年以上十年以下有期徒刑，并处罚金；数额特别巨大或者有其他特别严重情节的，处十年以上有期徒刑或者无期徒刑，并处罚金或者没收财产。

法律依据
Legal basis　《刑法》第二百六十四条。

知识延伸
Knowledge extension

《最高人民法院、最高人民检察院关于办理盗窃刑事案件适用法律若干问题的解释》第一条规定，盗窃公私财物价值一千元至三千元以上、三万元至十万元以上、三十万元至五十万元以上的，应当分别认定为《刑法》第二百六十四条规定的"数额较大""数额巨大""数额特别巨大"。

《最高人民法院、最高人民检察院关于办理盗窃刑事案件适用法律若干问题的解释》第四条规定，盗窃电力、燃气、自来水等财物，盗窃数量能够查实的，按照查实的数量计算盗窃数额；盗窃数量无法查实的，以盗窃前六个月月均正常用量减去盗窃后计量仪表显示的月均用量推算盗窃数额；盗窃前正常使用不足六个月的，按照正常使用期间的月均用量减去盗窃后计量仪表显示的月均用量推算盗窃数额。

《中华人民共和国电力法》第七十一条规定，盗窃电能的，由电力管理部门责令停止违法行为，追缴电费并处应交电费五倍以下的罚款。构成犯罪的，依照《刑法》有关规定追究刑事责任。

30. 什么是"帮信罪"？

答："帮信罪"全称为帮助信息网络犯罪活动罪，是指明知他人利用信息网络实施犯罪，为其犯罪提供互联网接入、服务器托管、网络存储、通信传输等技术支持，或者提供广告推广、支付结算等帮助，情节严重的，处三年以下有期徒刑或者拘役，并处或者单处罚金。

单位犯前款罪的，对单位判处罚金，并对其直接负责的主管人员和其他直接责任人员，依照第一款的规定处罚。

有前两款行为，同时构成其他犯罪的，依照处罚较重的规定定罪处罚。

法律依据 《刑法》第二百八十七条之二。

31. 贪污罪与挪用公款罪的区别是什么？

答：贪污罪是指国家工作人员利用职务上的便利，侵吞、窃取、骗取或者以其他手段非法占有公共财物的行为。

《刑法》规定，国有公司、企业或者其他国有单位中从事公务的人员和国有公司、企业或者其他国有单位委派到非国有公司、企业以及其他单位从事公务的人员有前款行为的，依照本法第三百八十二条、第三百八十三条的规定定罪处罚。

国家工作人员在国内公务活动或者对外交往中接受礼物，依照国家规定应当交公而不交公，数额较大的，依照本法第三百八十二条、第三百八十三条的规定定罪处罚。

挪用公款罪是指国家工作人员，利用职务上的便利，挪用公款归个人使用，进行非法活动的，或者挪用公款数额较大、进行营利活动的，或者挪用公款数额较大、超过三个月未还的行为。挪用用于救灾、抢险、防汛、优抚、扶贫、移民、救济款物归个人使用的，从重处罚。

其中：

（1）贪污罪的主体是国家公务人员或受国有单位委托管理、运营国有钱财和产业的人员。但挪用公款罪的主体只能是国家公务人员。

（2）挪用公款罪是合法占用公款，目的在于合法获得对公款的掌控权。贪污罪是合法占有公共财物，目的在于合法获得公共财物的一切权，即意图永远地合法占有公共财物。

法律依据 | Legal basis

《刑法》第二百七十一条、第三百八十二条、第三百八十四条、第三百九十四条。

知识延伸 | Knowledge extension

《刑法》**第三百八十二条** 【贪污罪】国家工作人员利用职务上的便利，侵吞、窃取、骗取或者以其他手段非法占有公共财物的，是贪污罪。

受国家机关、国有公司、企业、事业单位、人民团体委托管理、经营国有财产的人员，利用职务上的便利，侵吞、窃取、骗取或者以其他手段非法占有国有财物的，以贪污论。

与前两款所列人员勾结，伙同贪污的，以共犯论处。

第三百八十三条 【贪污罪、受贿罪的处罚规定】对犯贪污罪的，根据情节轻重，分别依照下列规定处罚：

（一）贪污数额较大或者有其他较重情节的，处三年以下有期徒刑或者拘役，并处罚金。

（二）贪污数额巨大或者有其他严重情节的，处三年以上十年以下有期徒刑，并处罚金或者没收财产。

（三）贪污数额特别巨大或者有其他特别严重情节的，处十年以上有期徒刑或者无期徒刑，并处罚金或者没收财产；数额特别巨大，并使国家和人民利益遭受特别重大损失的，处无期徒刑或者死刑，并处没收财产。

对多次贪污未经处理的，按照累计贪污数额处罚。

犯第一款罪，在提起公诉前如实供述自己罪行、真诚悔罪、积极退赃，避免、减少损害结果的发生，有第一项规定情形的，可以从轻、减轻或者免除处罚；有第二项、第三项规定情形的，可以从轻处罚。

犯第一款罪，有第三项规定情形被判处死刑缓期执行的，人民法院根据犯罪情节等情况可以同时决定在其死刑缓期执行二年期满依法减为无期徒刑后，终身监禁，不得减刑、假释。

32.私分国有资产罪是什么？此罪的立案追诉标准是什么？

答：私分国有资产罪是指国家机关、国有公司、企业、事业单位、人民团体，违反国家规定，以单位名义将国有资产集体私分给个人，数额较大的，对其直接负责的主管人员和其他直接责任人员，处三年以下有期徒刑或者拘役，并处或者单处罚金；数额巨大的，处三年以上七年以下有期徒刑，并处罚金。

司法机关、行政执法机关违反国家规定，将应当上缴国家的罚没财物，以单位名义集体私分给个人的，依照前款的规定处罚。

私分国有资产罪是指国家机关、国有公司、企业、事业单位、人民团体，违反国家规定，以单位名义将国有资产集体私分给个人，数额较大的行为。涉嫌私分国有资产，累计数额在十万元以上的，应予立案。

法律依据
Legal basis　　《刑法》第三百九十六条。

行政法篇

扎实推进依法行政，法治政府建设是全面依法治国的重点任务和主体工程。

——《高举中国特色社会主义伟大旗帜为全面建设社会主义现代化国家而团结奋斗》中国共产党第二十次全国代表大会上的报告

明制度于前，重威刑于后。

——《尉缭子·重刑令》

1. 我国有行政法这部法律吗？

答： 我国尚没有统一完整的实体行政法典，行政法是调整行政关系、规范公共行政活动的法律规范的总称。一般行政法泛指调整和规范一般行政关系的法律规范，主要包括《公务员法》《行政组织法》《行政处罚法》《行政复议法》等。特别行政法是指对特别的行政关系加以调整的法律规范的总称，如《治安管理处罚条例》《海关法》《教育法》《食品卫生法》等。

行政法是调整行政关系及监督行政关系的法律规范的总称。

2. 行政法律法规调整的行政关系是什么？

答： 狭义的行政关系通常是指由行政法律法规所调整的，在行政主体行使职权时与相对方形成的一种行政法上的权利与义务关系。

作为行政法调整对象的行政关系主要包括四类：

（1）行政管理关系。即行政机关、法律法规授权的组织等行政主体在行使行政职权的过程中，与公民法人和其他组织等行政相对人之间发生的各种关系。

（2）行政法制监督关系。即行政法制监督主体在对行政主体及其公务人员进行监督时发生的各种关系。

（3）行政救济关系。即行政相对人认为其合法权益受到行政主体作出的行政行为的侵犯，向行政救济主体申请救济，行政救济主体对其申请予以审查，作出向相对人提供或不提供救济的决定而发生的各种关系。

（4）内部行政关系。即行政主体内部发生的各种关系，包括上下级行政机关之间的关系，平行行政机关之间的关系，行政机关与其内设机构、派出机构之间的关系，行政机关与国家公务员之间的关系，行政机关与法律、法规授权组织之间的关系，行政机关与其委托行使某种行政职权的组织的关系等。

3.行政法的作用是什么?

答: 行政法的作用和目的是维护社会秩序和公共利益，监督行政主体，防止行政权力的违法和滥用，保护公民、法人或其他组织的合法权益。

《行政诉讼法》规定，为保证人民法院公正、及时审理行政案件，解决行政争议，保护公民、法人和其他组织的合法权益，监督行政机关依法行使职权，根据宪法，制定本法。

法律依据
Legal basis 《行政诉讼法》第一条。

4. 依法行政的六大基本要求是什么?

答: 国务院于2004年3月22日发布了《全面推进依法行政实施纲要》(以下简称《纲要》)。《纲要》提出了依法行政的六项基本要求，即合法行政、合理行政、程序正当、高效便民、诚实守信、权责统一。

（1）合法行政。行政机关实施行政管理，应当依照法律、法规、规章的规定进行；没有法律、法规、规章的规定，行政机关不得作出影响公民、法人和其他组织合法权益或者增加公民、法人和其他组织义务的决定。

（2）合理行政。行政机关实施行政管理，应当遵循公平、公正的原则。要平等对待行政管理相对人，不偏私、不歧视。行使自由裁量权应当符合法律目的，排除不相关因素的干扰；所采取的措施和手段应当必要、适当；行政机关实施行政管理可以采用多种方式实现行政目的的，应当避免采用损害当事人权益的方式。

（3）程序正当。行政机关实施行政管理，除涉及国家秘密和依法受到保护的商业秘密、个人隐私的外，应当公开，注意听取公民、法人和其他组织的意见；要严格遵循法定程序，依法保障行政管理相对人、利害关系人的知情权、参与权和救济权。行政机关工作人员履行职责，与行政管理相对人存在利害关系时，应当回避。

（4）高效便民。行政机关实施行政管理，应当遵守法定时限，积极履行法定职责，提高办事效率，提供优质服务，方便公民、法人和其他组织。

（5）诚实守信。行政机关公布的信息应当全面、准确、真实。非因法定事由并经法定程序，行政机关不得撤销、变更已经生效的行政决定；因国家利益、公共利益或者其他法定事由需要撤回或者变更行政决定的，应当依照法定权限和程序进行，并对行政管理相对人因此而受到的财产损失依法予以补偿。

（6）权责统一。行政机关依法履行经济、社会和文化事务管理职责，要由法律、法规赋予其相应的执法手段。行政机关违法或者不当行使职权，应当依法承担法律责任，实现权力和责任的统一。依法做到执法有保障、有权必有责、用权受监督、违法受追究、侵权须赔偿。

5.什么是行政处罚法，行政处罚的种类有哪些？

答： 行政处罚法分广义和狭义两种，狭义的行政处罚法专指《中华人民共和国行政处罚法》；广义的行政处罚法泛指一切有关行政处罚的行政法律、法规和规章。

行政处罚法是为了规范行政处罚的设定和实施，保障和监督行政机关有效实施行政管理，维护公共利益和社会秩序，保护公民、法人或者其他组织的合法权益，根据宪法规定制定的法律。

我国《行政处罚法》规定的处罚种类可以具体分为：警告；罚款；没收违法所得、没收非法财物；责令停产停业；暂扣或者吊销许可证、暂扣或者吊销执照；行政拘留；法律、行政法规规定的其他行政处罚。

法律依据 《行政处罚法》第八条。

6. 有权作出行政处罚的机关有哪些？

答： 根据《行政处罚法》的规定，有权行政处罚的机关有三类：

（1）具有法定行政处罚权的行政机关。

具有法定行政处罚权的行政机关主要是依法履行外部行政管理职能，依法得到明确授权，代表国家在某一领域内行使行政管理权限的行政机关。包括各级人民政府以及公安、工商、税务、土地、审计、卫生等部门。

（2）法律、法规授权的具有管理公共事务职能的组织。

工商所、税务所、公安派出所等行政机关的派出机构依相应法律、法规享有一定的行政处罚权，他们必须在授权法规定的行政处罚的种类、幅度范围内实施行政处罚。超过授权法规定的处罚种类、幅度、数额的限制，该行政处罚无效。

（3）受行政机关委托行使一定行政处罚权的受托组织。

根据行政管理的实际的需要，行政机关依照法律、法规、规章的规定，可以在其法定权限内符合法定条件的组织实施行政处罚。

根据我国《行政处罚法》的规定，行政处罚由具有行政处罚权的行政机关在法定职权范围内实施。国家在城市管理、市场监管、生态环境、文化市场、交通运输、应急管理、农业等领域推行建立综合行政执法制度，相对集中行政处罚权。

事业单位本身没有行政处罚权，但其符合《行政处罚法》关于受委托组织的规定的，则行政机关依照法律、法规、规章的规定，可以在其法定权限内书面委托符合规定的事业单位实施行政处罚。但限制人身自由的行政处罚权只能由公安机关和法律规定的其他机关行使。

法律依据
Legal basis 《行政处罚法》第十七条～第十九条。

7. 设定行政处罚的限制有哪些?

答: 行政法规可以设定除限制人身自由以外的行政处罚，地方性法规可以设定除限制人身自由、吊销营业执照以外的行政处罚，尚未制定法律、行政法规的，国务院部门规章对违反行政管理秩序的行为，可以设定警告、通报批评或者一定数额罚款的行政处罚等。

行政法规可以设定除限制人身自由以外的行政处罚。法律对违法行为已经作出行政处罚规定，行政法规需要作出具体规定的，必须在法律规定的给予行政处罚的行为、种类和幅度的范围内规定。法律对违法行为未作出行政处罚规定，行政法规为实施法律，可以补充设定行政处罚。拟补充设定行政处罚的，应当通过听证会、论证会等形式广泛听取意见，并向制定机关作出书面说明。行政法规报送备案时，应当说明补充设定行政处罚的情况。

法律依据
Legal basis 《行政处罚法》第十一条。

8. 行政处罚是处罚多长时间内的违法行为?

答: 根据《行政处罚法》规定，违法行为在二年内未被发现的，不再给予行政处罚；涉及公民生命健康安全、金融安全且有危害后果的，上述期限延长至五年。法律另有规定的除外。

前款规定的期限，从违法行为发生之日起计算；违法行为有连续或者继续状态的，从行为终了之日起计算。

《行政处罚法》只规定了两年时效期限，也就是说违法行为发生后两年内没有发现的，不得再作出行政处罚，治安管理处罚法对此时效的规定是六个月。

法律依据
Legal basis 《行政处罚法》第三十六条。

9.行政处罚过程中，被处罚的当事人有哪些权利？

答： 根据《行政处罚法》的规定，在行政处罚过程中被作出行政处罚的当事人享有的权利有：知情权；陈述和申辩权；要求举行听证权；申请复议或提起行政诉讼权；请求赔偿权。

《行政处罚法》规定，行政机关在作出行政处罚决定之前，应当告知当事人拟作出的行政处罚内容及事实、理由、依据，并告知当事人依法享有的陈述、申辩、要求听证等权利。

当事人有权进行陈述和申辩。行政机关必须充分听取当事人的意见，对当事人提出的事实、理由和证据，应当进行复核；当事人提出的事实、理由或者证据成立的，行政机关应当采纳。

行政机关不得因当事人陈述、申辩而给予更重的处罚。

法律依据
Legal basis 《行政处罚法》第四十四条、第四十五条。

10.《行政处罚法》中规定的听证权在哪些处罚中可以适用？

答： 根据《行政处罚法》的规定，行政机关拟作出下列行政处罚决定，应当告知当事人有要求听证的权利，当事人要求听证的，行政机关应当组织听证：

（1）较大数额罚款。

（2）没收较大数额违法所得、没收较大价值非法财物。

（3）降低资质等级、吊销许可证件。

（4）责令停产停业、责令关闭、限制从业。

（5）其他较重的行政处罚。

（6）法律、法规、规章规定的其他情形。

法律依据 Legal basis 《行政处罚法》第六十三条。

11. 行政处罚的救济渠道有哪些？

答： 在行政处罚中行政相对人的法律救济途径主要有两条：

一是向作出处罚决定的本级人民政府申请复议。

二是向人民法院提起行政诉讼。

《行政复议法》规定：公民、法人或者其他组织认为行政行为侵犯其合法权益的，可以自知道或者应当知道该行政行为之日起六十日内提出行政复议申请；但是法律规定的申请期限超过六十日的除外。行政机关作出行政行为时，未告知公民、法人或者其他组织申请行政复议的权利、行政复议机关和申请期限的，申请期限自公民、法人或者其他组织知道或者应当知道申请行政复议的权利、行政复议机关和申请期限之日起计算，但是自知道或者应当知道行政行为内容之日起最长不得超过一年。

《行政诉讼法》规定：公民、法人或者其他组织认为行政机关和行政机关工作人员的具体行政行为侵犯其合法权益，有权依照本法向人民法院提起诉讼。

法律依据 Legal basis 《行政复议法》第二十条，《行政处罚法》第二条。

12. 对同一违法行为，不同行政机关可以分别作出罚款的行政处罚吗？

答：不可以，我国《行政处罚法》规定"对当事人的同一违法行为，不得给予两次以上罚款的行政处罚"。即行为人的一个行为无论是违反一规范，还是数个规范，受一个行政主体管辖，还是数个行政主体管辖，可以给予两次以上的行政处罚，但如果是罚款，则罚款只能一次，另一次处罚可以是吊销营业执照或其他许可证，也可以是责令停产停业，还可以是没收等，只是不能再罚款。

法律依据
Legal basis 《行政处罚法》第二十九条。

13. 什么是行政许可?

答：行政许可是指行政机关根据公民、法人或者其他组织的申请，经依法审查，准予其从事特定活动的行为。

法律依据
Legal basis 《行政许可法》第二条。

14. 哪些事项可以设定行政许可?

答：根据《行政许可法》的规定，下列事项可以设定行政许可：

（1）直接涉及国家安全、公共安全、经济宏观调控、生态环境保护以及直接关系人身健康、生命财产安全等特定活动，需要按照法定条件予以批准的事项。

（2）有限自然资源开发利用、公共资源配置以及直接关系公共利益的特定行业的市场准入等，需要赋予特定权利的事项。

（3）提供公众服务并且直接关系公共利益的职业、行业，需要确定具备特殊信誉、特殊条件或者特殊技能等资格、资质的事项。

（4）直接关系公共安全、人身健康、生命财产安全的重要设备、设施、产品、物品，需要按照技术标准、技术规范，通过检验、检测、检疫等方式进行审定的事项。

（5）企业或者其他组织的设立等，需要确定主体资格的事项。

（6）法律、行政法规规定可以设定行政许可的其他事项。

法律依据　《行政许可法》第十二条。

15.不需要行政许可的事情有哪些？

答： 根据《行政许可法》的规定，通过下列方式能够予以规范的，可以不设行政许可：

（1）公民、法人或者其他组织能够自主决定的。

（2）市场竞争机制能够有效调节的。

（3）行业组织或者中介机构能够自律管理的。

（4）行政机关采用事后监督等其他行政管理方式能够解决的。

法律依据　《行政许可法》第十三条。

16.申请行政许可的，行政机关要在多长时间内作出决定？

答： 根据《行政许可法》的规定，除可以当场作出行政许可决定的外，行政机关应当自受理行政许可申请之日起二十日内作出行政许可决定。二十日内不能作出决定的，经本行政机关负责人批准，可以延长十日，并应当将延长期限的理由告知申请人。但是，法律、法规另有规定的，依照其规定。依照本法第二十六条的规定，行政许可采取统一办理或者联合办理、集中办理的，办理的时间不得超过四十五日；四十五日内不能办结的，经本级人民政府负责人批准，可以延长十五日，并应当将延长期限的理由告知申请人。

依法应当先经下级行政机关审查后报上级行政机关决定的行政许可，下级行政机关应当自其受理行政许可申请之日起二十日内审查完毕。但是，法律、法规另有规定的，依照其规定。

行政机关作出准予行政许可的决定，应当自作出决定之日起十日内向申请人颁发、送达行政许可证件，或者加贴标签、加盖检验、检测、检疫印章。

法律依据
Legal basis　《行政许可法》第四十二条～第四十四条。

知识延伸
Knowledge extension

《行政许可法》第二十六条　行政许可需要行政机关内设的多个机构办理的，该行政机关应当确定一个机构统一受理行政许可申请，统一送达行政许可决定。

行政许可依法由地方人民政府两个以上部门分别实施的，本级人民政府可以确定一个部门受理行政许可申请并转告有关部门分别提出意见后统一办理，或者组织有关部门联合办理、集中办理。

17. 什么是行政强制措施？行政强制措施有哪些？

答：行政强制措施是指行政机关在行政管理过程中，为制止违法行为、防止证据损毁、避免危害发生、控制危险扩大等情形，依法对公民的人身自由实施暂时性限制，或者对公民、法人或者其他组织的财物实施暂时性控制的行为。

行政强制措施的种类包括：

（1）限制公民人身自由。

（2）查封场所、设施或者财物。

（3）扣押财物。

（4）冻结存款、汇款。

（5）其他行政强制措施。

法律依据
Legal basis 《行政强制法》第九条。

18.行政强制执行是指什么？行政强制执行的种类有哪些？

答： 行政强制执行是指特定行政机关采取强制手段保障法律、法规和行政决定得到贯彻落实的一种执法行为。

其特点表现为：一是行政性，发生于行政管理过程中，由特定行政机关实施；二是强制性，基于国家行政机关的权力作用，强行抑制相对人的意志，迫使相对人服从；三是执行性，旨在确保实现法律、法规或行政决定所要求达到的行政管理的目的和状态。

根据《行政强制法》的规定，行政强制执行方式主要有：

（1）加处罚款或者滞纳金。

（2）划拨存款、汇款。

（3）拍卖或者依法处理查封、扣押的场所、设施或者财物。

（4）排除妨碍、恢复原状。

（5）代履行。

（6）其他强制执行方式。

法律依据
Legal basis 《行政强制法》第十二条。

19.行政强制措施与行政强制执行有什么区别？

答： 行政强制措施是在行政决定作出前行政机关采取的强制手段，而行政强制执行是在行政决定作出后，为执行该决定采取的强制手段。

行政强制包括行政强制措施和行政强制执行。

行政强制措施是指行政机关在行政管理过程中，为制止违法行为、防止证据损毁、避免危害发生、控制危险扩大等情形，依法对公民的人身自由实施暂时性限制，或者对公民、法人或者其他组织的财物实施暂时性控制的行为。

行政强制执行是指行政机关或者行政机关申请人民法院，对不履行行政决定的公民、法人或者其他组织，依法强制履行义务的行为。

法律依据

Legal basis 《行政强制法》第二条。

20.行政强制执行与行政处罚有何不同？

答： 行政处罚是指行政机关或其他行政主体依法定职权和程序对违反行政法规尚未构成犯罪的相对人给予行政制裁的具体行政行为。

行政强制执行指国家行政主体为了保证行政管理活动的正常进行，对不履行国家行政机关或法律、法规授权的组织作出的行政处理决定或科以行政义务（科以行政义务是指行政主体使行政相对方承担某种作为或不作为义务）的相对方依法采取各种强制手段，以迫使其执行行政处理决定或履行行政义务的行为。

行政处罚与行政强制执行都是具体行政行为，二者有着某种承接关系，但二者仍有明显的区别：

（1）性质不同。行政处罚是对违反行政法律规范行为的一种制裁，而行政强制执行不是制裁，不以设定某种新的义务为宗旨，本质上属于执行行为，在相对方开始履行或应允履行行政处理决定或义务时，强制执行措施即应停止。

（2）目的不同。行政强制执行的目的是促使被强制人履行法定义务，而行政处罚的主要目的是惩戒行政违法行为。

（3）实施的机关不尽相同。行政强制执行除由行政机关实施外，主要由人民法院依行政机关的申请而实施；而行政处罚只能由行政机关或法定组织实施。

21.电网企业依据行政机关的文件要求对其他企业停止供电的，涉及的是供用电合同关系还是行政关系？

答： 从行政关系来看，行政机关的强制停电行为可归为三类：行政强制行为（包括行政强制措施、行政强制执行）；行政处罚行为；行政辅助行为（包括行政事实行为、行政过程行为）。

依据国家电力监管委员会作出的《供电监管办法》（电监会27号令）第二十四条第三款的规定，供电企业应当严格执行政府有关部门依法作出的对淘汰企业、关停企业或者环境违法企业采取停限电措施的决定。未收到政府有关部门决定恢复送电的通知，供电企业不得擅自对政府有关部门责令限期整改的用户恢复送电。

因此，无论是何种行政关系，行政机关是实施强制停电行为的行为主体。强制停电的目的在于实现行政管理目标，而非供电企业与相对人之间的合同纠纷，且强制停电行为不是供电企业的意思表示，因此供电企业只是强制停电的协助执行人。当相对人对强制停电行为不服，向法院提起诉讼时，应当以行政机关为被告提起行政诉讼。

案例 case

2014年11月18日，某某公司与某某供电公司签订《高压供用电合同》，由某某供电公司对某某公司在某某村开办的砖厂进行供电。该合同签订后，双方开始依约履行合同义务。2015年5月25日，某某县环保局发现某某公司建设项目配套环保设施未与主体工程同时投入试运行，向某某公司发出《环境违法行为限期改正通知书》。2015年10月8日，某某县环保局作出通环责整

〔2015〕4号《责令停产整治决定书》(后该决定书被法院作出的××行政判决书予以撤销),责令某某公司立即停止生产,改正环境违法行为,按照环评要求完善环保治理措施,并于2015年10月15日前将改正情况书面报告某某县环保局,但某某公司未按要求执行,仍持续生产。2015年11月12日,某某县环保局向某某县经信科技和商务粮食局(原某某县经济和信息化局)发出《某某环保局关于对某某公司实施断电措施的函》,要求某某县经信科技和商务粮食局对某某公司实施断电措施。某某环保局同时向某某供电公司、某某县监察局、某某供电公司县供电营业所送达了该函件。某某供电公司于2015年11月12日对某某公司开办的砖厂实施了断电措施。某某县环保局对某某公司作出的《责令停产整治决定书》,因违反《环境行政处罚办法》第十一条的规定,程序不合法,后被人民法院判决予以撤销。后某某公司诉至法院,请求依法判决某某供电公司预先赔偿损失,并承担案件诉讼费用。

被告辩称:被告是根据电力行政管理部门口头通知,执行某某县环保局的停电措施,属于执行行政命令,不属于合同违约行为。且从电力用户电力信息采集系统记录来看,原告在停电前的2015年11月6日就已经停止生产,2015年11月12日的停电不是突然停电。

一审法院审理认为:某某公司因建设项目配套环保设施未与主体工程同时投入试运行,某某县环境保护局发出《环境违法行为限期改正通知书》责令某某公司立即停止生产,经某某县经信科技和商务粮食局以电话通知后,某某供电公司对某某公司开办的砖厂实施断电措施符合《供电监管办法》第二十四条的规定。虽然某某县环保局并非电力行政执法部门、某某县经信科技和商务粮食局的断电通知是以电话口头通知的形式进行,但是某某供电公司作为供电企业,不具备对相关行政命令进行实质性审查职能，其依照相关部门所作出的行政指令，对某某公司经营场所依法进行停电，符合《高压供用电合同》第十六条第一款第三项中"供电人依法或依合同约定实施停电"的情形，其行为并不构成违约。

二审法院审理认为：某某县环保局作出《责令停产整治决定书》具体行政行为并决定采取断电行政强制措施后，某某供电公司及下属分支机构某某供电公司县供电营业所接受指令对某某公司实施断电，是执行行政强制措施结果，不应视为履行供用电合同的违约行为；某某县环保局的行政行为是否被撤销，并不发生行政强制措施转化为民事违约行为的后果。

再审法院审理认为：因某某公司未依照某某县环保局2015年10月18日《责令停产整治决定书》的要求停止生产，某某县环保局于2015年11月12日发出《关于对某某公司实施断电措施的函》，通知某某县经信科技和商务粮食局（原某某县经济和信息化局）、某某县监察局、某某供电公司及分支机构某某供电公司县供电营业所对某某公司实施断电措施；随后，某某供电公司实施了断电措施。某某县环保局作出《责令停产整治决定书》具体行政行为并决定采取断电行政强制措施后，某某供电公司及下属分支机构某某供电公司县供电营业所接受指令对某某公司实施断电，是执行行政强制措施的结果，不应视为履行供用电合同的违约行为。某某县环保局的行政行为是否被撤销，并不发生行政强制措施转化为民事违约行为的后果。

劳动法篇

救济走在权力之前，无救济即无权力。

——西方法律谚语

法者，定分止争也。

——管子

1.劳动者提供虚假学历签订的劳动合同有法律效力吗？

答： 劳动者提供虚假的学历证明签署的劳动合同属无效合同。

《中华人民共和国劳动合同法》（以下简称《劳动合同法》）规定："用人单位招用劳动者时，应当如实告知劳动者工作内容、工作条件、工作地点、职业危害、安全生产状况、劳动报酬，以及劳动者要求了解的其他情况；用人单位有权了解劳动者与劳动合同直接相关的基本情况，劳动者应当如实说明。"第二十六条第一款规定："下列劳动合同无效或者部分无效：（一）以欺诈、胁迫的手段或者乘人之危，使对方在违背真实意思的情况下订立或者变更劳动合同的……"第三十九条规定："劳动者有下列情形之一的，用人单位可以解除劳动合同：……（五）因本法第二十六条第一款第一项规定的情形致使劳动合同无效的……"。

从上述条款可知，劳动合同是用人单位与劳动者双方协商一致达成的协议，相关信息对于是否签订劳动合同、建立劳动关系的真实意思表示具有重要影响。《劳动合同法》第八条既规定了用人单位的告知义务，也规定了劳动者的告知义务。如果劳动者违反诚实信用原则，隐瞒或者虚构与劳动合同直接相关的基本情况，根据《劳动合同法》第二十六条第一款规定属于劳动合同无效或部分无效的情形。用人单位可以根据《劳动合同法》第三十九条规定解除劳动合同并不支付经济补偿。

此外，应当注意的是，《劳动合同法》第八条"劳动者应当如实说明"应仅限于"与劳动合同直接相关的基本情况"，如履行劳动合同所必需的知识技能、学历、学位、职业资格、工作经历等，用人单位无权要求劳动者提供婚姻状况、生育情况等涉及个人隐私的信息，也即不能任意扩大用人单位知情权及劳动者告知义务的外延。

法律依据 Legal basis 《劳动合同法》第八条、第二十六条、第三十九条。

知识延伸 Knowledge extension

《劳动合同法》第二十六条 【劳动合同的无效】下列劳动合同无效或者部分无效：

（一）以欺诈、胁迫的手段或者乘人之危，使对方在违背真实意思的情况下订立或者变更劳动合同的。

（二）用人单位免除自己的法定责任、排除劳动者权利的。

（三）违反法律、行政法规强制性规定的。

对劳动合同的无效或者部分无效有争议的，由劳动争议仲裁机构或者人民法院确认。

2.用人单位的分支机构与劳动者签订的劳动合同有法律效力吗？

答：劳动合同法规定的用人单位设立的分支机构，依法取得营业执照或者登记证书的，可以作为用人单位与劳动者订立劳动合同；未依法取得营业执照或者登记证书的，受用人单位委托可以与劳动者订立劳动合同。

法律依据 Legal basis 《中华人民共和国劳动合同法实施条例》第四条。

3.什么情况下劳动者可以与用人单位签订无固定期限劳动合同？

答：无固定期限劳动合同是指用人单位与劳动者约定无确定终止时间的劳动合同。

根据《劳动合同法》的规定，用人单位与劳动者协商一致，可以订立无固定期限劳动合同。有下列情形之一，劳动者提出或者同意续订、订立劳动合同的，除劳动者提出订立固定期限劳动合同外，应当订立无固定期限劳动合同：

（1）劳动者在该用人单位连续工作满十年的。

（2）用人单位初次实行劳动合同制度或者国有企业改制重新订立劳动合同时，劳动者在该用人单位连续工作满十年且距法定退休年龄不足十年的。

（3）连续订立二次固定期限劳动合同，且劳动者没有本法第三十九条和第四十条第一项、第二项规定的情形，续订劳动合同的。

用人单位自用工之日起满一年不与劳动者订立书面劳动合同的，视为用人单位与劳动者已订立无固定期限劳动合同。

法律依据 《劳动合同法》第十四条。

知识延伸

《劳动合同法》第三十九条 劳动者有下列情形之一的，用人单位可以解除劳动合同：

（一）在试用期间被证明不符合录用条件的。

（二）严重违反用人单位的规章制度的。

（三）严重失职，营私舞弊，给用人单位造成重大损害的。

（四）劳动者同时与其他用人单位建立劳动关系，对完成本单位的工作任务造成严重影响，或者经用人单位提出，拒不改正的。

（五）因本法第二十六条第一款第一项规定的情形致使劳动合同无效的。

（六）被依法追究刑事责任的。

第四十条 有下列情形之一的，用人单位提前三十日以书面形式通知劳动者本人或者额外支付劳动者一个月工资后，可以解除劳动合同：

（一）劳动者患病或者非因工负伤，在规定的医疗期满后不能从事原工作，也不能从事由用人单位另行安排的工作的。

（二）劳动者不能胜任工作，经过培训或者调整工作岗位，仍不能胜任工作的……。

4. 劳动者与用人单位签订劳动合同，试用期如何确定？

答：《劳动合同法》规定，劳动合同期限三个月以上不满一年的，试用期不得超过一个月；劳动合同期限一年以上不满三年的，试用期不得超过二个月；三年以上固定期限和无固定期限的劳动合同，试用期不得超过六个月。

同一用人单位与同一劳动者只能约定一次试用期。

以完成一定工作任务为期限的劳动合同或者劳动合同期限不满三个月的，不得约定试用期。

试用期包含在劳动合同期限内。劳动合同仅约定试用期的，试用期不成立，该期限为劳动合同期限。

法律依据
Legal basis　　《劳动合同法》第十九条。

5. 劳动合同中的服务期条款对劳动者有哪些限制？

答：《劳动合同法》规定，用人单位为劳动者提供专项培训费用，对其进行专业技术培训的，可以与该劳动者订立协议，约定服务期。劳动者违反服务期约定的，应当按照约定向用人单位支付违约金。违约金的数额不得超过用人单位提供的培训费用。

但用人单位要求劳动者支付的违约金不得超过服务期尚未履行部分所应分摊的培训费用。

法律依据
Legal basis　　《劳动合同法》第二十二条。

6.竞业限制的期限可以任意约定吗?

答: 竞业限制的期限不可以任意约定。根据《劳动合同法》规定,竞业限制的人员限于用人单位的高级管理人员、高级技术人员和其他负有保密义务的人员。竞业限制的范围、地域、期限由用人单位与劳动者约定,竞业限制的约定不得违反法律、法规的规定。在解除或者终止劳动合同后,竞业限制的人员到与本单位生产或者经营同类产品、从事同类业务的有竞争关系的其他用人单位,或者自己开业生产或者经营同类产品、从事同类业务的竞业限制期限,不得超过二年。

法律依据
Legal basis 《劳动合同法》第二十四条。

7.用人单位在哪些情形下可以解除劳动合同?

答: 根据《劳动合同法》的规定,用人单位在以下情形下可以解除劳动合同:

(1)用人单位与劳动者协商一致,可以解除劳动合同。

(2)劳动者有下列情形之一的,用人单位可以解除劳动合同:

1)在试用期间被证明不符合录用条件的。

2)严重违反用人单位的规章制度的。

3)严重失职,营私舞弊,给用人单位造成重大损害的。

4)劳动者同时与其他用人单位建立劳动关系,对完成本单位的工作任务造成严重影响,或者经用人单位提出,拒不改正的。

5)因《劳动合同法》第二十六条第一款第一项规定的情形致使劳动合同无效的。

6)被依法追究刑事责任的。

（3）有下列情形之一的，用人单位提前三十日以书面形式通知劳动者本人或者额外支付劳动者一个月工资后，可以解除劳动合同：

1）劳动者患病或者非因工负伤，在规定的医疗期满后不能从事原工作，也不能从事由用人单位另行安排的工作的。

2）劳动者不能胜任工作，经过培训或者调整工作岗位，仍不能胜任工作的。

3）劳动合同订立时所依据的客观情况发生重大变化，致使劳动合同无法履行，经用人单位与劳动者协商，未能就变更劳动合同内容达成协议的。

此外，需要裁减人员二十人以上或者裁减不足二十人但占企业职工总数百分之十以上的，用人单位提前三十日向工会或者全体职工说明情况，听取工会或者职工的意见后，裁减人员方案经向劳动行政部门报告，可以裁减人员：

1）依照企业破产法规定进行重整的。

2）生产经营发生严重困难的。

3）企业转产、重大技术革新或者经营方式调整，经变更劳动合同后，仍需裁减人员的。

4）其他因劳动合同订立时所依据的客观经济情况发生重大变化，致使劳动合同无法履行的。

L 法律依据
Legal basis 　《劳动合同法》第三十六条、第三十九条～第四十一条。

K 知识延伸
Knowledge extension

《劳动合同法》第二十六条 【劳动合同的无效】下列劳动合同无效或者部分无效：

（一）以欺诈、胁迫的手段或者乘人之危，使对方在违背真实意思的情况下订立或者变更劳动合同的。

（二）用人单位免除自己的法定责任、排除劳动者权利的。

（三）违反法律、行政法规强制性规定的。

对劳动合同的无效或者部分无效有争议的，由劳动争议仲裁机构或者人民法院确认。

8.劳动者在哪些情形下可以提出解除劳动合同?

答: 根据《劳动合同法》的规定，劳动者在下列情形下可以提出解除劳动合同:

（1）用人单位与劳动者协商一致，可以解除劳动合同。

（2）劳动者提前三十日以书面形式通知用人单位，可以解除劳动合同。劳动者在试用期内提前三日通知用人单位，可以解除劳动合同。

（3）用人单位有下列情形之一的，劳动者可以解除劳动合同:

1）未按照劳动合同约定提供劳动保护或者劳动条件的。

2）未及时足额支付劳动报酬的。

3）未依法为劳动者缴纳社会保险费的。

4）用人单位的规章制度违反法律、法规的规定，损害劳动者权益的。

5）因《劳动合同法》第二十六条第一款规定的情形致使劳动合同无效的。

6）法律、行政法规规定劳动者可以解除劳动合同的其他情形。

用人单位以暴力、威胁或者非法限制人身自由的手段强迫劳动者劳动的，或者用人单位违章指挥、强令冒险作业危及劳动者人身安全的，劳动者可以立即解除劳动合同，不需事先告知用人单位。

法律依据
Legal basis　《劳动合同法》第三十六条～第三十八条。

《劳动合同法》第二十六条 【劳动合同的无效】下列劳动合同无效或者部分无效：

（一）以欺诈、胁迫的手段或者乘人之危，使对方在违背真实意思的情况下订立或者变更劳动合同的。

（二）用人单位免除自己的法定责任、排除劳动者权利的。

（三）违反法律、行政法规强制性规定的。

对劳动合同的无效或者部分无效有争议的，由劳动争议仲裁机构或者人民法院确认。

9.用人单位与劳动者解除劳动关系后还需要履行哪些职责？

答： 根据《劳动合同法》的规定，用人单位与劳动者解除劳动关系后，还需履行以下职责：

（1）用人单位应当在解除或者终止劳动合同时出具解除或者终止劳动合同的证明，并在十五日内为劳动者办理档案和社会保险关系转移手续。

（2）劳动者应当按照双方约定，办理工作交接。用人单位依照本法有关规定应当向劳动者支付经济补偿的，在办结工作交接时支付。

（3）用人单位对已经解除或者终止的劳动合同的文本，至少保存二年备查。

法律依据
Legal basis　　《劳动合同法》第五十条。

10.什么情况下，用人单位是不能解除劳动合同的？

答：《劳动法》和《劳动合同法》中规定，劳动者有下列情形之一的，用人单位不得解除劳动合同：

（1）患职业病或者因工负伤并被确认丧失或者部分丧失劳动能力的。

（2）患病或者非因工负伤，在规定的医疗期内的。

（3）女职工在孕期、产期、哺乳期内的。

（4）从事接触职业病危害作业的劳动者未进行离岗前职业健康检查，或者疑似职业病病人在诊断或者医学观察期间的。

（5）在本单位连续工作满十五年，且距法定退休年龄不足五年的。

（6）法律、行政法规规定的其他情形。

法律依据
Legal basis　《劳动法》第二十九条，《劳动合同法》第四十二条。

11. 用人单位依据其内部规章制度单方面解除劳动合同是否属于违法解除劳动合同？

答： 劳动者严重违反用人单位的规章制度的，用人单位可以解除劳动合同。

但用人单位的规章制度必须是依据《劳动合同法》第四条的规定作出的：用人单位在制定、修改或者决定有关劳动报酬、工作时间、休息休假、劳动安全卫生、保险福利、职工培训、劳动纪律以及劳动定额管理等直接涉及劳动者切身利益的规章制度或者重大事项时，应当经职工代表大会或者全体职工讨论，提出方案和意见，与工会或者职工代表平等协商确定。同时，用人单位应当将直接涉及劳动者切身利益的规章制度和重大事项决定公示，或者告知劳动者。

法律依据
Legal basis　《劳动合同法》第四条、第三十九条。

12. 用人单位安排"做六休一"的工作时间违法吗?

答: 用人单位安排"做六休一"的工作时间不违法。《劳动法》第三十六条、第三十八条中规定每日工作时间不超过八小时,平均每周工作时间不超过四十四小时,每周至少休息一日。同时,《国务院关于职工工作时间的规定》第三条~第五条规定,每日工作八小时、每周工作四十小时,因工作性质或者生产特点的限制,不能实行每日工作八小时、每周工作四十小时标准工时制度的,按照国家有关规定,可以实行其他工作和休息办法。

国务院的规定与《劳动法》虽有些出入,但目前基本采取的工作时间须同时满足每日不超过八小时、每周工作时间不超过四十小时的模式。同时,企业可以在遵守这个模式的前提下根据实际经营情况设置工作与休息时间。即,能同时满足"每日工作不超八小时 + 每周工作不超四十小时 + 每周至少休息一日"这三个条件的,"做六休一"是不违法的。

法律依据
Legal basis 《国务院关于职工工作时间的规定》第三条~第五条,《劳动法》第三十六条、第三十八条。

13. 劳动者的工资由哪些部分组成?

答:《关于工资总额组成的规定》规定工资总额由下列六个部分组成:计时工资;计件工资;奖金;津贴和补贴;加班加点工资;特殊情况下支付的工资。

法律依据
Legal basis 《关于工资总额组成的规定》第四条。

知识延伸
Knowledge extension

根据《民事诉讼法》及相关规定,被执行人未按执行通知履行法律文书确定的义务,人民法院有权扣留、提取被执行人应当履行义务部分的收入即被执行人每月工资及绩效工资、租金收入、股息、红利等应得收入,但需按当地最低生活保障标准,每月预留基本生活保障费。

14. 劳动者与用人单位关于薪酬的约定不明确怎么处理?

答: 根据《劳动合同法》规定,劳动合同对劳动报酬和劳动条件等标准约定不明确,引发争议的,用人单位与劳动者可以重新协商;协商不成的,适用集体合同规定;没有集体合同或者集体合同未规定劳动报酬的,实行同工同酬;没有集体合同或者集体合同未规定劳动条件等标准的,适用国家有关规定。

法律依据
Legal basis 《劳动合同法》第十八条。

15. 用人单位可以随意修改关于薪酬的规章制度吗?

答: 公司在未经员工同意的情况下擅自调整薪酬制度不合法。调整员工薪酬属于变更劳动合同内容,应与劳动者协商达成一致并签订书面文件。用人单位单方降低劳动者工资的,劳动者可以以未及时足额支付劳动报酬为由申请劳动仲裁,要求解除劳动关系并支付经济补偿金,若不想解除劳动关系的,可只请求支付工资差额。另外,根据《劳动合同法》规定:"用人单位与劳动者协商一致,可以变更劳动合同约定的内容。变更劳动合同,应当采用书面形式。变更后的劳动合同文本由用人单位和劳动者各执一份。"

法律依据
Legal basis 《劳动合同法》第四条、第三十五条。

16. 用人单位调整劳动报酬等涉及劳动者权益的，要经过哪些程序？

答：《劳动合同法》规定，用人单位应当依法建立和完善劳动规章制度，保障劳动者享有劳动权利、履行劳动义务。用人单位在制定、修改或者决定有关劳动报酬、工作时间、休息休假、劳动安全卫生、保险福利、职工培训、劳动纪律以及劳动定额管理等直接涉及劳动者切身利益的规章制度或者重大事项时，应当经职工代表大会或者全体职工讨论，提出方案和意见，与工会或者职工代表平等协商确定。

在规章制度和重大事项决定实施过程中，工会或者职工认为不适当的，有权向用人单位提出，通过协商予以修改完善。

用人单位应当将直接涉及劳动者切身利益的规章制度和重大事项决定公示，或者告知劳动者。

此外，《最高人民法院关于审理劳动争议案件适用法律若干问题的解释（一）》第五十条规定："用人单位根据劳动合同法第四条规定，通过民主程序制定的规章制度，不违反国家法律、行政法规及政策规定，并已向劳动者公示的，可以作为确定双方权利义务的依据。"

法律依据
Legal basis 　《劳动合同法》第四条。

17. 什么情况下用人单位可以代扣劳动者工资？

答： 用人单位不得克扣劳动者工资，但有下列情况之一的，用人单位可以代扣劳动者工资：

（1）用人单位代扣代缴的个人所得税。

（2）用人单位代扣代缴的应由劳动者个人负担的各项社会保险费用。

（3）法院判决、裁定中要求代扣的抚养费、赡养费。

（4）法律、法规规定可以从劳动者工资中扣除的其他费用。

法律依据
Legal basis

《劳动法》第五十条，《工资支付暂行规定》第十五条。

18. 社会保险由哪几部分组成？

答： 国家发展社会保险事业，建立社会保险制度，设立社会保险基金，使劳动者在年老、患病、工伤、失业、生育等情况下获得帮助和补偿。因此，社会保险由养老保险、医疗保险、生育保险、失业保险、工伤保险构成。

法律依据
Legal basis

《劳动法》第七十条。

知识延伸
Knowledge extension

《国务院办公厅关于全面推进生育保险和职工基本医疗保险合并实施的意见》将生育保险和职工基本医疗保险合并实施。

19. 劳动关系、劳务关系和劳务派遣如何区分？

答： 劳动合同用工是我国企业的基本用工形式，劳务派遣用工是补充形式，两者与劳动者之间建立的均为劳动关系。两者的用工主体必须是单位，包括企业、个体经济组织、民办非企业、国家机关、事业单位、社会团体等，另一方必须是劳动者个人，双方不能均为自然人。

劳动关系与劳务派遣的不同之处在于法律关系中参与主体的数量，劳动关系的主体为双方，即用人单位和劳动者。劳务派遣的主体为三方，包括用人单位（劳务派遣单位）、用工单位（接受劳务派遣的实际用工单位）、劳动者，三方关系如图5-1所示。

图5-1 劳动者、派遣公司及用工单位之间法律关系图

劳务外包是指企事业单位（以下简称"发包方"）将某个相对独立的劳务服务项目外包给劳务外包公司（以下简称"承包方"），由承包方依据发包方的要求，组织并直接管理劳务人员完成劳务服务，并对劳务服务的成果和质量直接承担责任的劳务承包形式。主要特征为发包方与承包方基于外包合同形成民事上的契约关系；发包方和承包方约定将发包方的一部分工作外包给承包方完成，由发包方向承包方支付一定的费用；承包方与劳动者建立劳动关系并对劳动者进行管理和支配；发包方与劳动者不发生直接关系。即发包方与承包方之间是基于外包协议产生的合同法律关系，发包方不能直接管理与支配承包方的劳动者。三者之间的关系如图5-2所示。

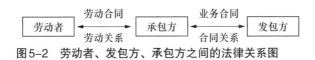

图5-2 劳动者、发包方、承包方之间的法律关系图

劳动关系、劳务派遣关系中，用人单位与劳动者之间不仅存在财产关系，还存在着人身隶属关系。劳动者除了提供劳动之外，还需要接受用人单位的管理，服从安排，遵守用人单位的各项规章制度。但劳动关系中，用人单位与劳动者可直接解除双方之间的劳动关系。而劳务派遣关系中，用工单位认为劳动者违反劳动合同法的相关规定，并不能直接解除与劳动者之间的劳动合同，而是需要将其退回劳务派遣单位，由劳务派遣单位处理与劳动者之间的解除劳动关系事宜。这两者由《劳动法》等劳动行政法规及其司法解释调整。

而劳务关系的双方当事人之间只存在财产关系，彼此之间并无隶属关系。劳动者提供劳务服务，接受劳务一方支付劳务报酬。双方各自独立，地位平等。劳务关系（劳务派遣除外）则由《民法典》调整。

劳动关系、劳务关系、劳务派遣的比较情况见表5-1。

表5-1　劳动关系、劳务关系、劳务派遣的比较情况

事项	劳动关系	劳务关系	劳务派遣
适用法律	《劳动法》《劳动合同法》等	《民法典》	《劳动合同法》《劳务派遣暂行规定》等
主体数量	主体为双方，即用人单位和劳动者	主体为双方，双方为平等的民事权利义务主体	主体为三方，包括用人单位（劳务派遣单位），用工单位（接受以劳务派遣形式的用工单位），劳动者
合同订立	由用人单位与劳动者订立书面劳动合同	无法律强制要求	由用人单位与劳动者订立书面劳动合同
试用期	法定规定试用期期限、待遇，由用人单位与劳动者约定试用期	无试用期规定	法定规定试用期期限、待遇，由用人单位与劳动者约定试用期
劳动报酬	由用人单位以货币形式及时足额支付给劳动者本人，受最低工资标准的约束	报酬支付的相关事宜由双方约定	1.由用人单位以货币形式及时足额支付给劳动者本人，受最低工资标准的约束。2.用工单位需遵守同工同酬原则，对被派遣劳动者与本单位同类岗位的劳动者实行相同的劳动报酬分配办法

事项	劳动关系	劳务关系	劳务派遣
社会保险	用人单位缴纳社会保险费属法律强制性义务	无需缴纳社会保险费	用人单位缴纳社会保险费属法律强制性义务
合同解除	1.解除事由法定，《劳动合同法》第三十六条～第四十一条规定了具体事由。 2.限制解除的情形，《劳动合同法》第四十二条予以具体规定。 3.提前通知：劳动者提前解除劳动合同规定了提前通知期；用人单位单方解除中的无过失性辞退规定了提前通知期和代通知金	1.解除事由既可以法定也可以约定，《民法典》第五百六十二条、第五百六十三条规定了具体事由。 2.法律未规定限制解除、提前通知期及代通知金等内容，具体以劳务合同约定为主	1.解除事由、限制解除情形、提前通知期、代通知金规定同劳动关系。 2.用工单位可以依法退回劳动者，但劳动者有特定情形的，用工单位不得退回，《劳务派遣暂行规定》第十三条规定了具体情形
合同终止	终止事由法定，《劳动合同法》第四十四条、《劳动合同实施条例》第二十一条规定了具体事由	《民法典》第五百五十七条规定了合同的权利义务终止具体情形	终止事由法定，《劳动合同法》第四十四条、《劳动合同实施条例》第二十一条规定了具体事由
经济补偿	符合法定情形的，用人单位承担经济补偿	单位无需支付	符合法定情形的，用人单位承担经济补偿
纠纷解决	劳动仲裁前置	无需仲裁，可直接起诉至法院	劳动仲裁前置

20.退休人员是否可以再次建立劳动关系？退休返聘人员上下班途中受伤的，能否认定为工伤？

答： 依据《中华人民共和国劳动合同法实施条例》规定：劳动者达到法定退休年龄的，劳动合同终止。另外，《最高人民法院关于审理劳动争议案件适用法律若干问题的解释（三）》第七条规定，用人单位与其招用的已经依法享受养老保险待遇或领取退休金的人员发生用工争议，向人民法院提起诉讼的，人民法院应当按劳务关系处理。因此，劳动者达到法定退休年龄并依法享有养老保险待遇或领取退休金的，与用人单位之间建立的已不再是劳动法意义上的劳动关系，而是民法意义上的劳务关系。

因退休人员与用人单位之间建立的是劳务关系而非劳动法意义上的劳动关系，因此，退休返聘人员在工作中或在上下班途中受伤的，不再认定为工伤，可以主张人身损害赔偿，适用《民法典》第一千一百九十二条的规定。

提供劳务期间，因第三人的行为造成提供劳务一方损害的，提供劳务一方有权请求第三人承担侵权责任，也有权请求接受劳务一方给予补偿。接受劳务一方补偿后，可以向第三人追偿。

法律依据
Legal basis

《中华人民共和国劳动合同法实施条例》第二十一条。

知识延伸
nowledge extension

《民法典》第一千一百九十二条 个人之间形成劳务关系，提供劳务一方因劳务造成他人损害的，由接受劳务一方承担侵权责任。接受劳务一方承担侵权责任后，可以向有故意或者重大过失的提供劳务一方追偿。提供劳务一方因劳务受到损害的，根据双方各自的过错承担相应的责任。

《最高人民法院关于审理劳动争议案件适用法律若干问题的解释（三）》第七条　用人单位与其招用的已经依法享受养老保险待遇或领取退休金的人员发生用工争议，向人民法院提起诉讼的，人民法院应当按劳务关系处理。

21. 劳动者达到退休年龄但并未解除劳动合同的，与用人单位之间的劳动关系要如何认定？

答：根据《劳动合同法》第四十四条规定"有下列情形之一的，劳动合同终止：（二）劳动者开始依法享受基本养老保险待遇的"，《中华人民共和国劳动法》第七十三条的规定"劳动者在下列情形，依法享受社会保险待遇：（一）退休。"可知，劳动者开始依法享受基本养老保险待遇是导致劳动合同终止的条件，而退休只是依法享受社会保险待遇的条件之一，法律并未以劳动者达到退休年龄作为劳动合同终止的条件，故并不意味着用人单位与已达到退休年龄的劳动者之间不能形成劳动关系。最高人民法院《关于审理劳动争议案件适用法律若干问题的解释（三）》第七条规定："用人单位与其招用的已经依法享受养老保险待遇或领取退休金的人员发生用工争议，向人民法院提起诉讼的，人民法院应当按照劳务关系处理。"这一条文意味着，用人单位与已经依法享受养老保险待遇或者领取退休金的劳动者之间的用工关系，属于劳务关系；而用人单位与已达到法定退休年龄，但并未依法享受养老保险待遇或领取退休金的劳动者之间的用工关系，若用人单位没有提出终止劳动合同则属于劳动关系。

法律依据
Legal basis　　《劳动合同法》第四十四条、第七十三条。

22. 住房公积金是职工的工资组成部分吗？

答：住房公积金中由企业和事业单位缴纳部分不属于工资

总额属性，属于企业成本费用性质的开支。《国家税务总局关于企业工资薪金及职工福利费扣除问题的通知》关于工资薪金总额问题，及《中华人民共和国企业所得税法实施条例》第四十、四十一、四十二条所称的"工资资金总和"，不包括企业负担的职工福利费、职工教育经费、工会经费以及养老保险费、医疗保险费、失业保险费、工伤保险费、生育保险费等社会保险费和住房公积金。

K 知识延伸
nowledge extension

《中华人民共和国企业所得税法实施条例》第四十条 企业发生的职工福利费支出，不超过工资薪金总额14%的部分，准予扣除。

第四十一条 企业拨缴的工会经费，不超过工资薪金总额2%的部分，准予扣除。

第四十二条 除国务院财政、税务主管部门另有规定外，企业发生的职工教育经费支出，不超过工资薪金总额2.5%的部分，准予扣除；超过部分，准予在以后纳税年度结转扣除。

23. 停工留薪期是什么？如何计算？

答： 停工留薪期是指劳动者遭受事故伤害或者患职业病需暂停工作，接受工伤医疗，并保持原工资福利待遇不变的期间。

《工伤保险条例》规定，停工留薪期一般不超过12个月。伤情严重或者情况特殊，经设区的市级劳动能力鉴定委员会确认，可以适当延长，但延长不得超过12个月。

L 法律依据
egal basis 《工伤保险条例》第三十三条。

24. 停工留薪期内福利待遇如何确定？

答：职工因工作遭受事故伤害或者患职业病需要暂停工作接受工伤医疗的，在停工留薪期内，原工资福利待遇不变，由所在单位按月支付。

停工留薪期期间的工资及福利待遇以因工作遭受事故伤害或者患职业病前12个月平均月缴费工资。本人工资高于统筹地区职工平均工资300%的，按照统筹地区职工平均工资的300%计算；本人工资低于统筹地区职工平均工资60%的，按照统筹地区职工平均工资的60%计算。

> **法律依据**
> **Legal basis** 《工伤保险条例》第三十三条、第六十四条。

25.工伤后，劳动者可以享受的工伤保险待遇有哪些？用人单位对应承担哪些责任？

答：工伤保险待遇包括：

（1）工伤医疗待遇：一是治疗工伤所需的挂号费、医疗康复费、药费、住院费等费用。二是住院伙食补助费。三是到统筹地区以外就医的交通食宿费。

（2）停工留薪待遇：职工因工作遭受事故伤害或者患职业病需要暂停工作接受工伤医疗的，在停工留薪期内，原工资福利待遇不变，由所在单位按月支付。

（3）辅助器具配置待遇：工伤职工伤残后因日常生活或者就业需要，经劳动能力鉴定委员会确认，可以安装假肢、矫形器、假眼、假牙和配置轮椅等辅助器具。

（4）生活护理费：生活不能自理的工伤职工在停工留薪期需要护理的，由所在单位负责；工伤职工已经评定伤残等级并确认需要护理的，从工伤基金中支付。

（5）伤残待遇：包括一次性伤残补助金、伤残津贴、一次性伤残就业补助金和一次性工伤医疗补助金。

（6）工亡待遇：职工因工死亡，其近亲属按照规定领取丧葬补助金、供养亲属抚恤金和一次性工亡补助金。

对工伤员工，用人单位一般承担以下责任：

（1）用人单位如果未在事故发生之日起一个月内申请工伤认定，那么，自事故发生之日起至劳动者或者用人单位逾期申请工伤认定之日时，已经发生的所有工伤待遇，比如工伤医疗费、住院伙食补助费等，均由用人单位自行负担；

（2）如果用人单位未给职工依法缴纳工伤保险的，那么，依据我国《工伤保险条例》规定，受伤职工依法应享有的所有工伤赔偿项目，应由该用人单位全额承担；

（3）用人单位依法为工伤职工缴纳了工伤保险，但依据《工伤保险条例》，规定仍应自行承担的相关项目如工伤职工停工留薪期工资、五级六级伤残职工按月应领取的伤残津贴及一次性伤残就业补助金，即便缴纳了社保，用人单位也是这些费用的承担主体。

法律依据
Legal basis 《工伤保险条例》第三十条～第四十五条。

26. 对工伤认定的决定不服的，有何救济途径？

答：职工或者其近亲属、用人单位对不予受理决定不服或者对工伤认定决定不服的，可以依法申请行政复议或者提起行政诉讼。

《工伤保险条例》规定，有下列情形之一的，有关单位或者个人可以依法申请行政复议，也可以依法向人民法院提起行政诉讼：

（1）申请工伤认定的职工或者其近亲属、该职工所在单位对工伤认定申请不予受理的决定不服的。

（2）申请工伤认定的职工或者其近亲属、该职工所在单位对工伤认定结论不服的。

（3）用人单位对经办机构确定的单位缴费费率不服的。

（4）签订服务协议的医疗机构、辅助器具配置机构认为经办机构未履行有关协议或者规定的。

（5）工伤职工或者其近亲属对经办机构核定的工伤保险待遇有异议的。

法律依据 Legal basis 　　《工伤保险条例》第五十五条。

27. 如何确定劳动者的退休年龄？

答： 法定退休年龄为：男职工年满六十周岁；女职工从事管理和技术工作年满五十五周岁，直接从事生产服务工作年满五十周岁。

从事井下、高空、高温、特别繁重体力劳动或者其他有害身体健康岗位累计工作年限符合国家和部有关规定的职工，男年满五十五周岁，女年满四十五周岁。因病或非因工（公）致残的职工，男年满五十周岁，女年满四十五周岁，由指定医院出具证明，并经单位劳动鉴定委员会确认，完全丧失劳动能力者。

法律依据 Legal basis 　　《国务院关于工人退休退职的暂行办法》第一条。

K 知识延伸 Knowledge extension

湖南省劳动和社会保障厅、省财政厅发布《湖南省关于完善企业职工基本养老保险制度若干政策问题的意见》（湘劳社政字〔2006〕13号）对女职工退休年龄作出了明确的规定："经人事行政主管部门审批录用为干部的女职工，退休年龄为五十五周岁。《劳动法》实施前参加工作的女工人和《劳动法》实施后参加工作的女职工，以其长期所在岗位确定退休年龄。长期在管理岗位上工作的，退休年龄为五十五周岁；长期在生产岗位上工作的，退休年龄为五十周岁。"

湖南省人力资源和社会保障厅《关于完善城镇企业职工基本养老保险参保人员退休审批工作的通知》（湘人社发〔2015〕4号）指出："女职工按湘劳社政字〔2006〕13号文件确定退休年龄，用人单位应提供本单位岗位认定资料或证明材料，以及女职工在职时所属岗位性质。"

对于职工退休时工作岗位性质属于管理或技术岗位还是操作、生产或服务岗位，已办理内退的情况如何处理等，则要结合企业内部岗位分类管理文件和职工档案等综合认定，属于企业的用工自主管理权范畴。

28.劳动者在工作中被同事所伤，如何争取赔偿权利？

答： 劳动者在工作时间、工作地点因为从事工作受到了损害，这是可以被认定为工伤的典型情形，其应当及时申请工伤认定与劳动能力鉴定。同时，由于劳动者是被同事所伤，应当区分两种情况来判定是否应当由用人单位或者同事承担民事侵权责任。

第一种情况，同事是因为私事寻衅，如因私打击报复，在这种情况下，劳动者可以同时主张侵权赔偿和工伤保险待遇。工伤保险基金管理机构或用人单位先行支付工伤保险赔偿的，可以在第三人应当承担的赔偿责任范围内向第三人追偿。

第二种情况，如果同事执行工作导致劳动者生产安全事故受到损害或者患职业病，根据《安全生产法》第五十六条规定："因生产安全事故受到损害的从业人员，除依法享有工伤保险外，依照有关民事法律尚有获得赔偿的权利的，有权提出赔偿要求。"以及《职业病防治法》第五十八条规定："职业病病人除依法享有工伤保险外，依照有关民事法律，尚有获得赔偿的权利的，有权向用人单位提出赔偿要求。"即生产安全事故中的受害劳动者或患职业病的劳动者可以同时向用人单位主张工伤赔偿与民事损害赔偿。

第三种情况，同事是在执行工作任务造成劳动者受损（非生产安全事故、非患职业病），根据《民法典》第一千一百九十一条规定，用人单位的工作人员因执行工作造成的侵权损害由用人单位承担赔偿责任，因此，劳动者可以向用人单位要求赔偿自己损失。由于损害也可以看作工伤，根据《社会保险法》第四十二条规定，当用人单位拒绝赔偿或者没有能力赔偿时，劳动者可以请求工伤保险基金先行支付相关的费用，之后再由工伤保险基金向用人单位追偿该笔费用。根据《最高人民法院关于审理人身损害赔偿案件适用法律若干问题的解释》第十二条规定，因用人单位以外的第三人侵权造成劳动者人身损害，赔偿权利人请求第三人承担民事赔偿责任的，人民法院应予支持。因此，在这种情形下，如果劳动者已获得工伤赔偿，再要求用人单位承担民事侵权赔偿责任，将有可能不被人民法院所支持。

安全生产法篇

必须强化依法治理，用法治思维和法治手段解决安全生产问题。

——习近平总书记关于安全生产的重要论述

天下之事，不难于立法，而难于法之必行。

——明·张居正

1.《安全生产法》的立法目的是什么？新《安全生产法》修改的总体思路是什么？

答：《中华人民共和国安全生产法》（以下简称《安全生产法》）的立法目的是加强安全生产工作，防止和减少生产安全事故，保障人民群众生命和财产安全，促进经济社会持续健康发展。

新的《安全生产法》修改的总体思路有以下三点：一是将习近平总书记关于安全生产工作一系列重要指示批示精神和党中央、国务院有关决策部署转化为法律规定，确保落地见效；二是强化企业安全生产主体责任，建立完善安全风险预防控制体系，加大违法处罚力度，提高违法成本，推进依法治理；三是完善政府安全监管体制机制和责任制度，强化基础保障能力，依靠法治力量推进安全生产治理体系和治理能力现代化。

法律依据
Legal basis 《安全生产法》第一条。

2. 谁要对安全生产负责？

答：以下人员要对安全生产负责：负有安全生产监督管理职责的部门及其工作人员；安全生产中介服务机构及其工作人员；生产经营单位的决策机构、主要负责人或者个人经营的投资人、其他负责人和安全生产管理人员；生产经营单位的从业人员等。

法律依据
Legal basis 《安全生产法》第九十条~第九十七条、第一百零七条。

3. 生产经营单位的负责人对安全生产工作负有哪些职责？

答：《安全生产法》中规定，生产经营单位的主要负责人对本单位安全生产工作负七类型的责任：

（1）建立、健全本单位安全生产责任制。

（2）组织制定本单位安全生产规章制度和操作规程。

（3）组织制定并实施本单位安全生产教育和培训计划。

（4）保证本单位安全生产投入的有效实施。

（5）督促、检查本单位的安全生产工作，及时消除生产安全事故隐患。

（6）组织制定并实施本单位的生产安全事故应急救援预案。

（7）及时、如实报告生产安全事故。

法律依据 **Legal basis** 《安全生产法》第二十一条。

4.生产经营单位应当如何落实全员安全生产责任制?

答： 生产经营单位落实全员安全生产责任制必须要做到以下方面：

（1）生产经营单位必须建立、健全全员安全生产责任制。生产经营单位必须遵守《安全生产法》和其他有关安全生产的法律、法规，加强安全生产管理，建立健全全员安全生产责任制和安全生产规章制度，加大对安全生产资金、物资、技术、人员的投入保障力度，改善安全生产条件，加强安全生产标准化、信息化建设，构建安全风险分级管控和隐患排查治理双重预防机制，健全风险防范化解机制，提高安全生产水平，确保安全生产。

（2）生产经营单位的全员安全生产责任制必须明确内容及考核标准。生产经营单位的全员安全生产责任制应当明确各岗位的责任人员、责任内容和考核标准等内容。第一，责任制的内容要明确、具体。第二，要有详细、具体的考核标准。

（3）生产经营单位应当建立考核和监督机制，保证全员安全生产责任制的落实。生产经营单位应当建立相应的机制，加强对全员安全生产责任制落实情况的监督考核，保证全员安全生产责任制落实到位。

法律依据 《安全生产法》第四条、第二十二条。

5. 什么是"三同时"原则？

答："三同时"原则是指生产经营单位新建、改建、扩建工程项目的安全设施，必须与主体工程同时设计、同时施工、同时投入生产和使用。

法律依据 《安全生产法》第三十一条。

6. 哪些情况下必须设置明显的安全警示标志？

答：生产经营单位应当在有较大危险因素的生产经营场所和有关设施、设备上，设置明显的安全警示标志。

法律依据 《安全生产法》第三十五条。

7. 劳动合同中是否可以约定安全事故责任的承担？

答：《安全生产法》中明确规定，生产经营单位与从业人员订立协议，免除或者减轻其对从业人员因生产安全事故伤亡依法应承担的责任的，该协议无效；对生产经营单位的主要负责人、个人经营的投资人处二万元以上十万元以下的罚款。

法律依据 《安全生产法》第一百零六条。

8. 我国的生产安全事故等级是如何划分的？

答：根据《生产安全事故报告和调查处理条例》的规定，生产安全事故（以下简称事故）造成的人员伤亡或者直接经济损失，事故一般分为以下等级：

（1）特别重大事故，是指造成30人以上死亡，或者100人以上重伤（包括急性工业中毒，下同），或者1亿元以上直接经济损失的事故。

（2）重大事故，是指造成10人以上30人以下死亡，或者50人以上100人以下重伤，或者5000万元以上1亿元以下直接经济损失的事故。

（3）较大事故，是指造成3人以上10人以下死亡，或者10人以上50人以下重伤，或者1000万元以上5000万元以下直接经济损失的事故。

（4）一般事故，是指造成3人以下死亡，或者10人以下重伤，或者1000万元以下直接经济损失的事故。

法律依据 Legal basis 《生产安全事故报告和调查处理条例》第三条。

9.什么是安全生产事故隐患？

答： 安全生产事故隐患（又称事故隐患），是指生产经营单位违反安全生产法律、法规、规章、标准、规程和安全生产管理制度的规定，或者因其他因素在生产经营活动中存在可能导致事故发生的物的危险状态、人的不安全行为和管理上的缺陷。

法律依据 Legal basis 《安全生产事故隐患排查治理暂行规定》第三条。

10. 安全生产事故隐患等级是如何划分的？

答： 安全生产事故隐患分为一般事故隐患和重大事故隐患。一般事故隐患是指危害和整改难度较小，发现后能够立即整改排除的隐患。重大事故隐患是指危害和整改难度较大，应当全部或者局部停产停业，并经过一定时间整改治理方能排除的隐患，或者因外部因素影响致使生产经营单位自身难以排除的隐患。

法律依据
Legal basis
　　《安全生产事故隐患排查治理暂行规定》第三条。

11. 实践中，针对不同的企业形式，应该如何确定"生产经营单位的主要负责人"？

　　答： 中共中央、国务院《关于推进安全生产领域改革发展的意见》中提出，企业实行全员安全生产责任制度，生产经营单位的法定代表人和实际控制人同为安全生产的第一责任人，主要技术负责人负有安全生产技术决策和指挥权，强化部门安全生产职责，落实一岗双责。对于有限责任公司和股份有限公司，主要负责人应当是公司董事长和经理（总经理、首席执行官或其他实际履行经理职责的企业负责人）；对于非公司制的企业，主要负责人为企业的厂长、经理、矿长等企业行政"一把手"。

12. 生产经营单位从业人员在安全生产方面具有哪些权利和义务？

　　答： 生产经营单位的从业人员在安全生产方面享有以下权利：

　　（1）有权了解其作业场所和工作岗位存在的危险因素、防范措施及事故应急措施，有权对本单位的安全生产工作提出建议。

　　（2）有权对本单位安全生产工作中存在的问题提出批评、检举、控告。

　　（3）有权拒绝违章指挥和强令冒险作业。

　　（4）发现直接危及人身安全的紧急情况时，有权停止作业或者在采取可能的应急措施后撤离作业场所。

　　（5）因生产安全事故受到损害的从业人员，除依法享有工伤保险外，依照有关民事法律尚有获得赔偿的权利的，有权提出赔偿要求。

生产经营单位的从业人员在安全生产方面应履行以下义务：

（1）应当严格落实岗位安全责任，遵守本单位的安全生产规章制度和操作规程，服从管理，正确佩戴和使用劳动防护用品。

（2）应当接受安全生产教育和培训，掌握本职工作所需的安全生产知识，提高安全生产技能，增强事故预防和应急处理能力。

（3）发现事故隐患或者其他不安全因素，应当立即向现场安全生产管理人员或者本单位负责人报告；接到报告的人员应当及时予以处理。

法律依据
Legal basis 《安全生产法》第五十三条～第五十九条。

13.什么是危险物品？

答： 危险货物品是指易燃易爆物品、危险化学品、放射性物品以及其他可能危及人身安全和财产安全的物品。

法律依据
Legal basis 《安全生产法》第一百一十七条。

14.什么是重大危险源？

答： 重大危险源是指长期地或者临时地生产、搬运、使用或者储存危险物品，且危险物品的数量等于或者超过临界量的单元（包括场所和设施）。

法律依据
Legal basis 《安全生产法》第一百一十七条。

15.生产经营单位应如何管理重大危险源？

答：《安全生产法》中规定：生产经营单位对重大危险源应当登记建档，进行定期检测、评估、监控，并制定应急预案，告知从业人员和相关人员在紧急情况下应当采取的应急措施。生产经营单位应当按照国家有关规定将本单位重大危险源及有关安全措施、应急措施报有关地方人民政府应急管理部门和有关部门备案。

法律依据
Legal basis 《安全生产法》第四十条。

16.申请从事爆破作业的单位应当具备什么条件？

答：申请从事爆破作业的单位应当具备如下条件：

（1）爆破作业属于合法的生产活动。

（2）有符合国家有关标准和规范的民用爆炸物品专用仓库。

（3）有具备相应资格的安全管理人员、仓库管理人员和具备国家规定执业资格的爆破作业人员。

（4）有健全的安全管理制度、岗位安全责任制度。

（5）有符合国家标准、行业标准的爆破作业专用设备。

（6）法律、行政法规规定的其他条件。

法律依据
Legal basis 《民用爆炸物品安全管理条例》（国务院令第466号）。

17.哪些生产经营单位在参加工伤保险后，还应当投保安全生产责任险？

答：《安全生产法》规定，生产经营单位必须依法参加工伤保险，为从业人员缴纳保险费。同时，国家鼓励生产经营单位投保安全生产责任保险；属于国家规定的高危行业、领域的生产经营单位，应当投保安全生产责任保险。具体范围和实施办法由国务院应急管理部门会同国务院财政部门、国务院保险监督管理机构和相关行业主管部门制定。

法律依据 《安全生产法》第五十一条。

18. 生产经营单位主要负责人未履行《安全生产法》规定的安全生产管理职责的,将承担什么法律责任?

答: 对生产经营单位的主要负责人未履行安全生产管理职责,发生生产安全事故的,按照以下情形处理:

(1)发生一般事故的,处上一年年收入百分之四十的罚款。

(2)发生较大事故的,处上一年年收入百分之六十的罚款。

(3)发生重大事故的,处上一年年收入百分之八十的罚款。

(4)发生特别重大事故的,处上一年年收入百分之一百的罚款。

法律依据 《安全生产法》第九十五条。

19. 发生生产安全事故,事故单位将被处以多少罚款?

答: 发生生产安全事故,对负有责任的生产经营单位除要求其依法承担相应的赔偿等责任外,由应急管理部门依照下列规定处以罚款:

(1)发生一般事故的,处三十万元以上一百万元以下的罚款。

(2)发生较大事故的,处一百万元以上二百万元以下的罚款。

(3)发生重大事故的,处二百万元以上一千万元以下的罚款。

(4)发生特别重大事故的,处一千万元以上二千万元以下的罚款。

发生生产安全事故，情节特别严重、影响特别恶劣的，应急管理部门可以按照前款罚款数额的二倍以上五倍以下对负有责任的生产经营单位处以罚款。

法律依据 《安全生产法》第一百一十四条。

20. 安全生产违法行为行政处罚有哪些种类?

答: 安全生产违法行为行政处罚的种类有: ①警告; ②罚款; ③责令改正、责令限期改正、责令停止违法行为; ④没收违法所得、没收非法开采的煤炭产品、采掘设备; ⑤责令停产停业整顿、责令停产停业、责令停止建设、责令停止施工; ⑥暂扣或者吊销有关许可证，暂停或者撤销有关执业资格、岗位证书; ⑦关闭; ⑧拘留; ⑨安全生产法律、行政法规规定的其他行政处罚。

法律依据 《安全生产违法行为行政处罚办法》第五条。

21. 安全生产违法行为行政处罚由哪些机关决定?

答: (1) 县级以上安全监管监察部门应当按照《安全生产违法行为行政处罚办法》的规定，在各自的职责范围内对安全生产违法行为行政处罚行使管辖权。

(2) 暂扣、吊销有关许可证和暂停、撤销有关执业资格、岗位证书的行政处罚，由发证机关决定。其中，暂扣有关许可证和暂停有关执业资格、岗位证书的期限一般不得超过六个月; 法律、行政法规另有规定的，依照其规定。

(3) 给予关闭的行政处罚，由县级以上安全监管监察部门报请县级以上人民政府按照国务院规定的权限决定。

(4) 给予拘留的行政处罚，由县级以上安全监管监察部门建议公安机关依照治安管理处罚法的规定决定。

法律依据 《安全生产违法行为行政处罚办法》第六条。

22.违反《安全生产法》的行为可能构成哪些刑事案件?

答:《安全生产行政执法与刑事司法衔接工作办法》规定,涉嫌安全生产犯罪案件主要包括下列案件:

(1)重大责任事故案件。

(2)强令违章冒险作业案件。

(3)重大劳动安全事故案件。

(4)危险物品肇事案件。

(5)消防责任事故、失火案件。

(6)不报、谎报安全事故案件。

(7)非法采矿,非法制造、买卖、储存爆炸物,非法经营,伪造、变造、买卖国家机关公文、证件、印章等涉嫌安全生产的其他犯罪案件。

法律依据 《安全生产行政执法与刑事司法衔接工作办法》第三条。

23.两个以上生产经营单位在同一作业区内进行生产经营活动的,应如何进行安全生产方面的协作?

答:两个以上生产经营单位在同一作业区域内进行生产经营活动,可能危及对方生产安全的,应当签订安全生产管理协议,明确各自的安全生产管理职责和应当采取的安全措施,并指定专职安全生产管理人员进行安全检查与协调。

法律依据 《安全生产法》第四十八条。

24. 生产经营单位将项目、场所、设备发包或出租时，承包人或承租人要满足哪些条件？

答： 承包人或承租人需具备安全生产条件或者相应资质。《安全生产法》中明确规定，生产经营单位不得将生产经营项目、场所、设备发包或者出租给不具备安全生产条件或者相应资质的单位或者个人。

法律依据
Legal basis 《安全生产法》第四十九条。

25. 生产经营单位将项目、场所、设备发包或出租的，要如何履行管理职责？又如何承担责任？

答： 生产经营单位对承包单位、承租单位的安全生产工作统一协调、管理，定期进行安全检查，发现安全问题的，应当及时督促整改。同时，生产经营项目、场所发包或者出租给其他单位的，生产经营单位应当与承包单位、承租单位签订专门的安全生产管理协议，或者在承包合同、租赁合同中约定各自的安全生产管理职责。

法律依据
Legal basis 《安全生产法》第四十九条。

公司法篇

小智者治事，大智者治人，睿智者治法。

——战国·韩非子

1. 我国公司的类型有哪些?

答: 我国《公司法》规定的公司包括有限责任公司和股份有限公司两种类型。有限责任公司的股东以其认缴的出资额为限对公司承担责任;股份有限公司的股东以其认购的股份为限对公司承担责任。

法律依据
Legal basis 《公司法》第二条。

2. 一人有限公司和个人独资企业的区别是什么?

答: 一人有限公司和个人独资企业区别如下:

(1)投资主体不同。有限公司投资主体可以是自然人也能是法人,个人企业投资主体是自然人。

(2)法律形式不同。有限公司是法定的民事主体有法人资格,个人企业是非法人组织,没有法人资格。

(3)税收征缴规定不同。有限公司是税法规定,个人企业不需要缴纳企业所得税。

(4)投资者责任承担不同。有限公司是以认缴出资额为限承担有限责任,个人独资企业投资人对企业债务承担无限责任。

(5)财务核算不同。有限公司财务核算要求高于个人企业。

法律依据
Legal basis 《公司法》第三条、第四条、第二十三条、第四十四条、第二百零七条~第二百零九条,《个人独资企业法》第二条、第八条。

3. 公司的实际控制人和控股股东一样吗?

答: 实际控制人,是指虽不是公司的股东,但通过投资关系、协议或者其他安排,能够实际支配公司行为的人。

控股股东，是指其出资额占有限责任公司资本总额百分之五十以上或者其持有的股份占股份有限公司股本总额百分之五十以上的股东；出资额或者持有股份的比例虽然不足百分之五十，但依其出资额或者持有的股份所享有的表决权已足以对股东会、股东大会的决议产生重大影响的股东。

法律依据 Legal basis 　《公司法》第二百六十五条。

4. 分公司和子公司的区别是什么？

答： 分公司是指公司在其住所地外设立的从事经营活动的机构。而子公司具有企业法人资格，依法独立地承担民事责任。子公司是相对母公司而言的，母子公司之间是控制与从属关系，分公司是相对于总公司而言的。简单来说，子公司名称一般最后是"×××有限责任公司"或"×××股份有限公司"，分公司名称最后都是"×××分公司"。

分公司与子公司有以下区别：

（1）设立方式不同。子公司由公司股东按照《公司法》的规定设立，应当符合《公司法》对公司设立条件和投资方式的要求。分公司由总公司在其住所地之外向当地工商机关申请设立，属于设立公司分支机构。

（2）法人地位不同。子公司是独立法人地位，分公司不具有法人资格。

（3）责任不同。子公司自负债务，分公司由总公司负责债务关系。

（4）表现形式不同。子公司具有独立的名称、章程，分公司冠以总公司名称，无自己章程。

法律依据 Legal basis 　《公司法》第十三条。

5. "子改分"的流程是什么？

答： 子公司可以通过吸收合并的方式变更为分公司。公司合并，应当由合并各方签订合并协议，并编制资产负债表及财产清单。公司应当自作出合并决议之日起十日内通知债权人，并于三十日内在报纸上或者国家企业信用信息公示系统公告。债权人自接到通知之日起三十日内，未接到通知的自公告之日起四十五日内，可以要求公司清偿债务或者提供相应的担保。

子公司变更为分公司的基本流程如下：

（1）拟合并的公司股东分别作出合并决议。

（2）合并各方分别编制资产负债表和财产清单。

（3）各方签署《合并协议》，合并协议应包括如下内容：合并协议各方的名称、住所、法定代表人；合并后公司的名称、住所、法定代表人；合并后公司的注册资本。不存在投资和被投资关系的有限公司合并时，注册资本为双方注册资本之和。存在投资关系的，应当对投资形成的出资额进行核减。合并形式；合并协议各方债权、债务的继承方案；违约责任；解决争议的方式；签约日期、地点；合并协议各方认为需要规定的其他事项。

（4）自作出决议之日起10日内通知债权人。

（5）自作出决议之日起30日内在报纸上或者国家企业信用信息公示系统公告。

（6）调账、报表合并等会计处理。

（7）合并报表后实收资本的验证。

（8）自作出决议之日起45日以后向登记机关申请登记。子公司申请注销登记，集团公司申请变更登记。

法律依据
Legal basis　　《公司法》第十三条、第二百二十条～第二百二十二条。

6. "分改子"的流程是什么?

答: 根据《公司法》规定,公司可以设立分公司。设立分公司,应当向公司登记机关申请登记,分公司不具有法人资格,其民事责任由公司承担。公司可以设立子公司,子公司具有法人资格,依法独立承担民事责任。分公司改为子公司需先注销分公司,办理分公司的注销登记,并公告;再成立子公司,办理子公司的设立登记,并领取子公司的营业执照。

法律依据
Legal basis 《公司法》第十三条。

7. 公司和合伙企业有什么区别?

答:(1)设立的法律基础不同:合伙企业以全体合伙人意思表示一致的合伙协议为法律基础,对合伙协议的订立者有约束力;而公司是以公司章程为基础。

(2)法律地位不同:合伙企业不具有法人资格,合伙企业的财产一般为全体合伙人共有。有限责任公司和股份有限公司是企业法人。

(3)承担责任不同:合伙企业承担无限连带责任,即合伙人共负盈亏,合伙人个人财产也需要还企业的债务。公司承担的是有限责任,以公司的财产承担公司的债务。

法律依据
Legal basis 《公司法》第一条~第五条,《合伙企业法》第一条~第二条。

8. 股东会和董事会的职权有哪些?

答: 股东会行使以下职权:

(1)选举和更换董事、监事,决定有关董事、监事的报酬事项。

（2）审议批准董事会的报告。

（3）审议批准监事会的报告。

（4）审议批准公司的利润分配方案和弥补亏损方案。

（5）对公司增加或者减少注册资本作出决议。

（6）对发行公司债券作出决议。

（7）对公司合并、分立、解散、清算或者变更公司形式作出决议。

（8）修改公司章程。

（9）公司章程规定的其他职权。

股东会可以授权董事会对发行公司债券作出决议。

对前款所列事项股东以书面形式一致表示同意的，可以不召开股东会会议，直接作出决定，并由全体股东在决定文件上签名、盖章。股东会通过召开定期会议和临时会议行使职权。

有限责任公司设董事会，行使下列职权：

（1）召集股东会会议，并向股东会报告工作。

（2）执行股东会的决议。

（3）决定公司的经营计划和投资方案。

（4）制订公司的利润分配方案和弥补亏损方案。

（5）制订公司增加或者减少注册资本以及发行公司债券的方案。

（6）制订公司合并、分立、解散或者变更公司形式的方案。

（7）决定公司内部管理机构的设置。

（8）决定聘任或者解聘公司经理及其报酬事项，并根据经理的提名决定聘任或者解聘公司副经理、财务负责人及其报酬事项。

（9）制定公司的基本管理制度。

（10）公司章程规定或者股东会授予的其他职权。

公司章程对董事会职权的限制不得对抗善意相对人。

董事会的议事方式和表决程序，除本法有规定的外，由公司章程规定。董事会会议应当有过半数的董事出席方可举行，董事会作出拘役，应当经全体董事的过半数通过。董事会应当对所议事项的决定作成会议记录，出席会议的董事应当在会议记录上签名。董事会决议的表决，实行一人一票。

法律依据
egal basis 《公司法》第五十九条、第六十七条、第七十三条。

9. 公司一定要设立董事会吗?

答: 根据《公司法》的规定，规模较小或者股东人数较少的有限责任公司，可以不设董事会，设一名董事，行使《公司法》规定的董事会的职权，该董事可以兼任公司经理。

法律依据
egal basis 《公司法》第七十五条。

10. 股权比例和表决权是对应的吗?

答:《公司法》中规定，股东会会议由股东按照出资比例行使表决权；但是，公司章程另有规定的除外。

法律依据
egal basis 《公司法》第六十五条。

11. 股东表决权能否委托他人代为行使?

答:《公司法》规定股东委托代理人出席股东会会议的，应当明确代理人代理的事项、权限和期限；代理人应当向公司提交股东授权委托书，并在授权范围内行使表决权。

法律依据
egal basis 《公司法》第一百一十八条。

12. 知识产权的许可使用权是否可以出资?

答: 股东可以用货币出资,也可以用实物、知识产权、土地使用权、股权、债权等可以用货币估价并可以依法转让的非货币财产作价出资;但是,法律、行政法规规定不得作为出资的财产除外。

对作为出资的非货币财产应当评估作价,核实财产,不得高估或者低估作价。法律、行政法规对评估作价有规定的,从其规定。

法律依据
Legal basis 《公司法》第四十八条。

13. 什么叫公司人格否定?

答: 公司法人人格否认又称"刺破公司面纱",是指:

(1)公司股东滥用股东权利给公司或者其他股东造成损失的,应当承担赔偿责任。

(2)公司的控股股东、实际控制人、董事、监事、高级管理人员利用管理关系损害公司利益,给公司造成损失的,应当承担赔偿责任。

(3)公司股东滥用公司法人独立地位和股东有限责任,逃避债务,严重损害公司债权人利益的,应当对公司债务承担连带责任;股东利用其控制的两个以上公司实施上述行为的,各公司应当对任一公司的债务承担连带责任。只有一个股东的公司,股东不能证明公司财产独立于股东自己的财产的,应当对公司债务承担连带责任。

法律依据
Legal basis 《公司法》第二十一条~第二十三条。

2017年某市中级人民法院作出执行裁定书，该执行裁定书中载明：该院在执行A公司与B公司仲裁纠纷一案中，执行B公司和A公司达成和解并已履行部分，但债权剩余部分未履行；2007年B公司成立，截至2012年该公司股东分别为甲公司、乙公司、丙个人；经查明三公司的住所地均位于某市某区，联系电话相同、登记的电子邮箱相同、营业范围相同；2011~2018年期间，B公司与甲公司、乙公司之间存在大量资金往来，多数仅标注为转账、汇兑业务或往来款，未注明资金真实用途；故债权人认为本案中考虑到三公司之间财务混同，住址混同、业务混同且丙个人作为实际控制人存在滥用股东权利情形，应当对公司债务承担连带责任。

争议焦点：甲公司、乙公司与B公司是否存在人格混同？

裁判要旨：结合三公司的住所地、联系方式、高管人员、业务范围存在混同或交叉、财务混同符合公司股东滥用公司法人独立地位和股东有限责任，逃避债务，严重损害公司债权人利益的，应当对公司债务承担连带责任。

14. 公司超出登记经营范围经营有何风险？

答：《公司法》规定了公司的经营范围：

（1）企业的经营范围由公司章程规定，不得超出公司章程规定的经营范围申请登记。

（2）企业的经营范围必须依法登记，并在登记机关核准的经营范围内从事经营活动。

（3）企业经营范围内受法律、行政法规限制的项目，必须依法经批准后方可注册。

若公司超出登记经营范围经营会存在以下风险：

（1）未办理相关审批手续和登记经营范围的法律风险。

公司的经营范围由公司自行确定，并在公司章程中规定，公司可根据《国民经济行业分类》及相关规定直接向企业登记机关申请登记，选择一种或多种业务。根据国务院许可经营项目工商登记制度改革的实际情况，除了预许可经营项目在登记时需要提供相关部门的批准证书和文件外，其他许可经营项目在登记后开展相关经营活动之前，应当获得相关部门的批准。超出营业执照经营范围从事经营活动的，是属于无证经营的行为，由工商行政管理部门依法予以取缔，给予行政处罚，构成犯罪的追究刑事责任。

（2）超越公司业务范围签订合同的法律风险。

根据有关规定，当事人超越经营范围订立合同的，人民法院不认为该合同无效。但是，不得违反国家有关经营限制、特许经营和法律、行政法规禁止经营的规定进行经营。根据司法解释，公司签署的超出一般业务范围的合同不存在因超出业务范围而失效的风险。但是，如果签订的合同涉及需要审批的业务项目，且未履行相关程序，合同将面临无效的法律风险。

（3）超越公司业务范围进行生产经营的法律风险。

公司超出一般经营项目范围从事经营活动将不再面临受工商管理部门行政处罚的风险。但未经许可从事需要经过审批的许可项目经营活动的，工商行政管理部门将按照《无照经营查处取缔办法》的规定，从事无照经营的，由工商行政管理部门依照相关法律、行政法规的规定予以处罚。法律、行政法规对无照经营的处罚没有明确规定的，由工商行政管理部门责令停止违法行为，没收违法所得，并处1万元以下的罚款；构成犯罪的，依法追究刑事责任。

法律依据 Legal basis　《公司法》第九条，《无照经营查处取缔办法》。

15. 公司合并的方式有哪些？流程是什么？

答：公司合并可以分吸收合并和新设合并两种方式。一个公司吸收其他公司为吸收合并，被吸收的公司解散。二个以上公司合并并设立一个新的公司为新设合并，合并后各方解散。

其基本流程为：

（1）合并各方公司董事会拟定合并协议。

（2）合并各方股东会对合并协议内容作出决议。但：①公司与其持股百分之九十以上的公司合并，被合并的公司不需经股东会决议，但应当通知其他股东，其他股东有权请求公司按照合理的价格收购其股权或者股份。②公司合并并支付的价款不超过本公司净资产百分之十的，可以不经股东会决议，但是公司章程另有规定的除外。公司依照前面两种情形规定合并不经股东会决议的，应当经董事会决议。

（3）报有关部门批准（如需要）。

（4）编制资产负债表和财产清单，确定各方在合并后公司中出资比例。

（5）公告合并事宜，对提出要求的债权人的债权给予清偿或提供担保。

（6）进行合并，对公司资产进行调配、对人员重新作出安排、对公司机构进行整合；对公司章程进行修改或重新制定，进行工商变更登记或重新登记，进行公告。

> **法律依据**
> **Legal basis** 《公司法》第二百一十八条~第二百二十一条。

16. 公司发生合并或分立的，债权债务如何处理？

答：（1）公司合并，应当由合并各方签订合并协议，并编制资产负债表及财产清单。公司应当自作出合并决议之日起十日内通知债权人，并于三十日内在报纸上或者国家企业信用信息公示系统公告。债权人自接到通知之日起三十日内，未接到通知书的自公告之日起四十五日内，可以要求公司清偿债务或者提供相应的担保。公司合并时，合并各方的债权、债务，应当由合并后存续的公司或者新设的公司承继。

（2）公司分立的，根据《公司法》的规定，公司分立前的债务由分立后的公司承担连带责任。但是，公司在分立前与债权人就债务清偿达成的书面协议另有约定的除外。

法律依据
Legal basis　　《公司法》第二百二十条~第二百二十三条。

17. 公司减少注册资本或增加注册资本的一般流程是怎样的？

答：根据《公司法》的相关规定：

公司减少注册资本的流程一般为：

（1）召开股东大会，在大会上作出减资后的公司注册资本、减资后的股东权益、债权人的利益安排、有关修改章程事项、股东出资及其比例变化等的决定。

（2）应当编制资产负债表及财产清单。

（3）登报公告：自公司作出减少注册资本决议之日起10日内通知债权人，并于30日内在报纸上或者国家企业信用信息公示系统公告。债权人自接到通知之日起30日内、未接到通知的自公告之日起45日内，有权要求公司清偿债务或者提供相应的担保。

（4）公司减少注册资本，应当按照股东出资的比例相应减少出资额，法律另有规定、有限责任公司全体股东另有约定除外。

公司增加注册资本的流程一般为：

（1）召集股东大会。股东需要在股东大会上对公司增加注册资本发表意见，三分之二以上股东表决并签字后方为有效。此外，会议还需要形成股东大会决议和公司章程修正案。

（2）去工商局提交申请。

（3）建立并获得新的营业执照。

（4）去税务部门完成登记。

法律依据
Legal basis　《公司法》第二百二十四条~第二百二十八条。

18. 公务员可以兼任公司的法定代表人吗?

答：公务员不能兼任企业法定代表人。根据我国《公务员法》的相关规定，明确禁止公务员在企业或者其他营利性组织中兼任职务，并且在辞去公职或者退休后一定期限内，也不能到与原工作业务直接相关的企业或者其他营利性组织任职，不能从事与原工作业务直接相关的营利性活动。

法律依据
Legal basis　《公务员法》第五十九条。

19. 公司法中对国有企业有什么规定?

答：《公司法》中规定，国家出资公司是指国家出资的国有独资公司、国有资本控股公司，包括国家出资的有限责任公司、股份有限公司。国家出资公司，由国务院或者地方人民政府分别代表国家依法履行出资人职责，享有出资人权益。国务院或者地方人民政府可以授权国有资产监督管理机构或者其他部门、机构代表本级人民政府对国家出资公司履行出资人职责。

法律依据
Legal basis　《公司法》第一百六十八条~第一百六十九条。

20. 公司要如何听取职工意见、保障职工权利?

答：公司的职工依据《中华人民共和国工会法》组织工会，

开展工会活动，维护职工合法权益。《公司法》中规定：

（1）公司应当为本公司工会提供必要的活动条件。

（2）公司工会代表职工就职工的劳动报酬、工作时间、休息休假、劳动安全卫生和保险福利等事项依法与公司签订集体合同。

（3）公司依照宪法和有关法律的规定，建立健全以职工代表大会为基本形式的民主管理制度，通过职工代表大会或者其他形式，实行民主管理。

（4）公司研究决定改制、解散、申请破产以及经营方面的重大问题、制定重要的规章制度时，应当听取公司工会的意见，并通过职工代表大会或者其他形式听取职工的意见和建议。

法律依据
Legal basis　　《公司法》第十七条。

21. 国有出资企业的管理者应当具备哪些条件？

答： 国家出资企业管理者是指国家出资企业的董事、监事、高级管理人员。根据《企业国有资产法》的规定，履行出资人职责的机构任命或者任命董事、监事、高级管理人员，应当具备下列条件：

（1）有良好的品行。

（2）有符合职位要求的专业知识和工作能力。

（3）有能够正常履行职责的身体条件。

（4）法律、行政法规规定的其他条件。

董事、监事、高级管理人员在任职期间出现不符合上述规定情形或出现《公司法》规定的不得担任公司董事、监事、高级管理人员情形的，履行出资人职责的机构应当依法予以免职或者提出免职建议。

《公司法》规定有下列情形之一的，不得担任公司的董事、监事、高级管理人员：

（1）无民事行为能力或者限制民事行为能力。

（2）因贪污、贿赂、侵占财产、挪用财产或者破坏社会主义市场经济秩序，被判处刑罚或者因犯罪被剥夺政治权利，执行期满未逾五年，被宣告缓刑的，自缓刑考验期满之日起未逾二年。

（3）担任破产清算的公司、企业的董事或者厂长、经理，对该公司、企业的破产负有个人责任的，自该公司、企业破产清算完结之日起未逾三年。

（4）担任因违法被吊销营业执照、责令关闭的公司、企业的法定代表人，并负有个人责任的，自该公司、企业被吊销营业执照之日起未逾三年。

（5）个人因所负数额较大债务到期未清偿被人民法院列为失信被执行人。

法律依据 《公司法》第一百七十八条，《企业国有资产法》第二十三条。

22. 关系到国有资产出资人权益的重大事项发生变化时，国有出资企业要注意哪些方面？

答：《企业国有资产法》中对关系到国有资产出资人权益的重大事项发生的变化进行了详细的规定：

国家出资企业合并、分立、改制、上市，增加或者减少注册资本，发行债券，进行重大投资，为他人提供大额担保，转让重大财产，进行大额捐赠，分配利润，以及解散、申请破产等重大事项，应当遵守法律、行政法规以及企业章程的规定，不得损害出资人和债权人的权益。

企业改制涉及以企业的实物、知识产权、土地使用权等非货币财产折算为国有资本出资或者股份的，应当按照规定对折价财产进行评估，以评估确认价格作为确定国有资本出资额或者股份数额的依据。不得将财产低价折股或者有其他损害出资人权益的行为。

国家出资企业的关联方不得利用与国家出资企业之间的交易，谋取不当利益，损害国家出资企业利益，关联方是指本企业的董事、监事、高级管理人员及其近亲属，以及这些人员所有或者实际控制的企业。

法律依据 《企业国有资产法》第三十条、第四十二条、第四十三条。

23. 国有出资企业当中经常提到的企业改制是指什么？

答：《企业国有资产法》所称企业改制是指：

（1）国有独资企业改为国有独资公司。

（2）国有独资企业、国有独资公司改为国有资本控股公司或者非国有资本控股公司。

（3）国有资本控股公司改为非国有资本控股公司。

企业改制应当依照法定程序，由履行出资人职责的机构决定或者由公司股东会、股东大会决定。

重要的国有独资企业、国有独资公司、国有资本控股公司的改制，履行出资人职责的机构在作出决定或者向其委派参加国有资本控股公司股东会会议、股东大会会议的股东代表作出指示前，还应当将改制方案报请本级人民政府批准。

法律依据 《企业国有资产法》第三十九条、第四十条。

24. 国有资产转让的，有哪些是必须要遵守的？

答：国有资产转让必须遵守以下规定：

（1）国有资产转让应当有利于国有经济布局和结构的战略性调整，防止国有资产损失，不得损害交易各方的合法权益。

（2）国有资产转让由履行出资人职责的机构决定。履行出资人职责的机构决定转让全部国有资产的，或者转让部分国有资产致使国家对该企业不再具有控股地位的，应当报请本级人民政府批准。国有资产转让应当遵循等价有偿和公开、公平、公正的原则。

（3）除按照国家规定可以直接协议转让的以外，国有资产转让应当在依法设立的产权交易场所公开进行。转让方应当如实披露有关信息，征集受让方；征集产生的受让方为两个以上的，转让应当采用公开竞价的交易方式。转让上市交易的股份依照《中华人民共和国证券法》的规定进行。国有资产转让应当以依法评估的、经履行出资人职责的机构认可或者由履行出资人职责的机构报经本级人民政府核准的价格为依据，合理确定最低转让价格。

（4）法律、行政法规或者国务院国有资产监督管理机构规定可以向本企业的董事、监事、高级管理人员或者其近亲属，或者这些人员所有或者实际控制的企业转让的国有资产，在转让时，上述人员或者企业参与受让的，应当与其他受让参与者平等竞买；转让方应当按照国家有关规定，如实披露有关信息；相关的董事、监事和高级管理人员不得参与转让方案的制定和组织实施的各项工作。

（5）国有资产向境外投资者转让的，应当遵守国家有关规定，不得危害国家安全和社会公共利益。

法律依据
Legal basis　　《企业国有资产法》第五十一条~第五十七条。

25.《企业国有资产法》对国有资产的监督是如何规定的？

答：《企业国有资产法》对国有资产的监督主要有：

（1）各级人民代表大会常务委员会通过听取和审议本级人

民政府履行出资人职责的情况和国有资产监督管理情况的专项工作报告，组织对本法实施情况的执法检查等，依法行使监督职权。

（2）国务院和地方人民政府应当对其授权履行出资人职责的机构履行职责的情况进行监督。

（3）国务院和地方人民政府审计机关依照《中华人民共和国审计法》的规定，对国有资本经营预算的执行情况和属于审计监督对象的国家出资企业进行审计监督。

（4）国务院和地方人民政府应当依法向社会公布国有资产状况和国有资产监督管理工作情况，接受社会公众的监督。任何单位和个人有权对造成国有资产损失的行为进行检举和控告。

（5）履行出资人职责的机构根据需要，可以委托会计师事务所对国有独资企业、国有独资公司的年度财务会计报告进行审计，或者通过国有资本控股公司的股东会、股东大会决议，由国有资本控股公司聘请会计师事务所对公司的年度财务会计报告进行审计，维护出资人权益。

法律依据
Legal basis　《企业国有资产法》第六十三条~第六十七条。

26. 公司被吊销营业执照的，还需要去注销吗？不注销会存在哪些风险？

答：企业法人营业执照被吊销，是依法剥夺其继续经营的权利能力，只是使企业丧失继续从事经营活动的资格，并不意味着企业的终止。在其清算、注销之前，其法人主体资格依然存在。公司的商事主体资格仍然存在，该承担的债务仍然需要承担，该履行的义务仍然需要履行，吊销营业执照后各类监管、惩戒措施仍对其生效。未办理注销手续将存在以下法律风险：

（1）税务处罚风险。

纳税人被工商行政管理机关吊销营业执照的，应当自营业执照被吊销或者被撤销登记之日起15日内，向原税务登记机关申报办理注销税务登记。未按照规定的期限申报办理注销登记的，由税务机关责令限期改正，可以处二千元以下的罚款；情节严重的，处二千元以上一万元以下的罚款。且纳税人在办理注销税务登记前，应当向税务机关结清应纳税款、滞纳金、罚款，缴销发票、税务登记证件和其他税务证件。

（2）公司股东清算义务人的法律风险。

根据《最高人民法院关于适用〈中华人民共和国公司法〉若干问题的规定（二）》的规定，有限责任公司的股东、股份有限公司控股股东是公司的清算义务人，不论是因没有及时成立清算组，还是怠于履行义务，只要导致公司财产贬值、流失、毁损或者灭失，或是公司主要财产、账册、重要文件等灭失而无法进行清算，均要对公司不能清偿的债务承担赔偿责任或连带清偿责任。

（3）公司高管风险。

根据《公司法》规定，公司被吊销营业执照的法定代表人，在负有个人责任的情况下，自该公司被吊销营业执照之日起未逾三年的，不得担任其他公司的董事、监事、高级管理人员。同时《企业信息公示暂行条例》第十七条规定，被列入严重违法企业名单的企业的法定代表人、负责人，3年内不得担任其他企业的法定代表人、负责人。《市场监督管理严重违法失信名单管理办法》中也规定，企业被吊销营业执照属于较重行政处罚，由市场监督管理部门列入严重违法失信名单，通过国家企业信用信息公示系统公示，并实施相应管理措施。

企业法人被吊销营业执照后，应当依法进行清算，清算程序结束并办理工商注销登记后，该企业法人才归于消亡。

法律依据 《税务登记管理办法》第二十六条,《税收征收管理法》第六十条,《中华人民共和国税收征收管理法实施细则》第十六条,《最高人民法院关于适用〈中华人民共和国公司法〉若干问题的规定(二)》第十八条,《公司法》第一百七十八条,《企业信息公示暂行条例》第十七条。

电力法规篇

（电力法、电力设施保护条例、电力设施保护条例
实施细则、电力供应与使用条例及供电营业规则）

明制度于前，重威刑于后。

——《尉缭子·重刑令》

法律务必依靠某种外部手段来使其机器运转，正因
法律规则是不会自动执行的。

——庞德

1. 制定《中华人民共和国电力法》的目的是什么?

答: 制定《中华人民共和国电力法》(以下简称《电力法》)的目的主要有:

(1)为了保障和促进电力事业的发展。

(2)为了维护电力投资者、经营者和使用者的合法权益。

(3)为了保障电力安全运行。

法律依据
Legal basis 《电力法》第一条。

2.《电力法》的作用体现在哪些方面?

答:《电力法》的作用主要体现在以下方面:

(1)保障和促进电力事业稳定发展。

(2)肯定和巩固了电力体制改革的成果。

(3)规范政府管理电力的行为。

(4)促进电力企业自主经营、自负盈亏。

(5)为解决电力纠纷提供了法律依据。

法律依据
Legal basis 《电力法》第三条~第七条。

3.《电力法》的适用范围有哪些?

答:《电力法》适用于中华人民共和国境内的电力建设、电力生产、电力供应和电力使用活动。《电力法》有以下三种效力:

(1)地域效力。凡在中华人民共和国领域内从事电力建设、生产、供应和使用的活动。

(2)对人效力。无论是自然人,还是法人;无论是中国人,还是外国人,只要在中华人民共和国境内从事电力活动,都必须遵循《电力法》。

（3）行为效力。即适用于电力建设、电力生产、电力供应、电力使用、电力监督管理、电力设施保护等活动。当然，这些活动除了受《电力法》调整外，还受相关法律的调整。

法律依据 Legal basis 《电力法》第二条。

4. 什么是转供电？

答： 转供电是指经供电人同意，用电人使用自有受配电设施将供电企业供给的电能转供给其他用电人使用的行为。法律对转供电有严格规定。

法律依据 Legal basis 《供电营业规则》第十六条。

知识延伸 Knowledge extension

《供电营业规则》规定，用户不得自行转供电。在公用供电设施尚未到达的地区，供电企业征得该地区有供电能力的直供用户同意，可采用委托方式向其附近的用户转供电力，但不得委托重要的国防军工用户转供电。

委托转供电应遵守下列规定：

（1）供电企业与委托转供户（以下简称转供户）应就转供范围、转供容量、转供期限、转供费用、计量方式、电费计算、转供电设施建设、产权划分、运行维护、调度通信、违约责任等事项签订协议。

（2）转供区域内的用户（以下简称被转供户），视同供电企业的直供户，与直供户享有同样的用电权利，其一切用电事宜按直供户的规定办理。

（3）向被转供户供电的公用线路与变压器的损耗电量应由供电企业负担，不得摊入被转供户用电量中。

（4）在计算转供户用电量、最大需量及功率因数调整电费时，应扣除被转供户、公用线路与变压器消耗的有功、无功电量。最大需量按下列规定折算：

1）照明及一班制：每月用电量180千瓦时，折合为1千瓦。

2）二班制：每月用电量360千瓦时，折合为1千瓦。

3）三班制：每月用电量540千瓦时，折合为1千瓦。

4）农业用电：每月用电量270千瓦时，折合为1千瓦。

（5）委托的费用，按委托的业务项目的多少，由双方协商确定。

5.供电设施的运行维护责任如何划分？

答:《供电营业规则》规定：供电设施的运行维护管理范围，按产权归属确定。

责任分界点按下列各项确定：

（1）公用低压线路供电的，以电能表前的供电接户线用户端最后支持物为分界点，支持物属供电企业。

（2）10（6.20）千伏以下公用高压线路供电的，以用户厂界外或配电室前的第一断路器或第一支持物为分界点，第一断路器或第一支持物属供电企业。

（3）35千伏以上公用高压线路供电的，以用户厂界外或用户变电站外第一基杆为分界点，第一基电杆属供电企业。

（4）采用电缆供电的，本着便于维护管理的原则，分界点由供电企业与用户协商确定。

（5）产权属于用户且由用户运行维护的线路，以公用线路分支杆或专用线路接引的公用变电站外第一基电杆为分界点，专用线路第一基电杆属用户。

同时，《电力供应与使用条例》也规定，用户专用的供电设施建成投产后，由用户维护管理或者委托供电企业维护管理。

法律依据 《供电营业规则》第五十条,《电力供应与使用条例》第十七条。

6.供电设施上发生事故引起的责任如何划分?

答: 供电设施产权所有者对在供电设施上发生的事故承担法律责任,但法律法规另有规定的除外。

法律依据 《供电营业规则》第五十四条。

7.电力设施的保护义务主体有哪些?

答: 根据《电力设施保护条例》的规定,电力设施的保护,实行电力管理部门、公安部门、电力企业和人民群众相结合的原则。任何单位和个人都有保护电力设施的义务,对危害电力设施的行为,有权制止并向电力管理部门、公安部门报告。电力企业加强对电力设施的保护工作,对危害电力设施安全的行为,应采取适当措施,予以制止。国务院电力管理部门对电力设施的保护负责监督、检查、指导和协调。各级公安部门负责依法查处破坏电力设施或哄抢、盗窃电力设施器材的案件。

法律依据 《电力设施保护条例》第三条~第七条。

8.电力设施上的安全警示标识的悬挂有哪些规定?

答:《电力设施保护条例》在电力设施上的安全警示标识悬挂有以下规定:

(1)在必要的架空电力线路保护区的区界上,应设立标志,并标明保护区的宽度和保护规定。

(2)在架空电力线路导线跨越重要公路和航道的区段,应设立标志，并标明导线距穿越物体之间的安全距离。

（3）地下电缆铺设后，应设立永久性标志，并将地下电缆所在位置书面通知有关部门。

（4）水底电缆敷设后，应设立永久性标志，并将水底电缆所在位置书面通知有关部门。

《湖南省实施〈电力设施保护条例〉办法》对此进行了更详细的规定：

（1）在城镇、厂矿、学校、车站、码头、集贸市场和林区的架空电力线路保护区必要的区界上，应当设立标志，并标明保护区的宽度和保护规定。

（2）在架空电力线路导线跨越国道、省道和车辆流量较大的县道或者航道的区段，应当设立标志，并标明导线距离穿越物体之间的安全距离。

（3）地下电缆和水下电缆铺设后，应当设立永久性标志，并将电缆所在位置书面通知有关部门。

法律依据
Legal basis　《电力设施保护条例》第十一条，《湖南省实施〈电力设施保护条例〉办法》第十一条。

9. 电力企业在供用电关系中，会承担哪些法律责任？

答： 依据《供电营业规则》规定，电力企业在供用电关系中，主要承担以下责任：

（1）电力企业违反供用电合同，给用户造成损失的，应当依法承担赔偿责任。

（2）电力企业未保证供电质量或者未事先通知用户中断供电，给用户造成损失，应依法承担赔偿责任。

法律依据
Legal basis　《供电营业规则》第九十七条。

10. 破坏电力设施设备的行为主要有哪些?

答: 构成破坏电力设施设备的行为主要有:

(1)向电力线路设施射击。

(2)向导线抛掷物体。

(3)在架空电力线路导线两侧各300米的区域内放风筝。

(4)擅自在导线上接用电器设备。

(5)擅自攀登杆塔或在杆塔上架设电力线、通信线、广播线,安装广播喇叭。

(6)利用杆塔、拉线作起重牵引地锚。

(7)在杆塔、拉线上拴牲畜、悬挂物体、攀附农作物。

(8)在杆塔、拉线基础的规定范围内取土、打桩、钻探、开挖或倾倒酸、碱、盐及其他有害化学物品。

(9)在杆塔内(不含杆塔与杆塔之间)或杆塔与拉线之间修筑道路。

(10)拆卸杆塔或拉线上的器材,移动、损坏永久性标志或标志牌。

(11)其他危害电力线路设施的行为。

法律依据
Legal basis　《电力设施保护条例》第十四条。

11. 供用电合同包括哪些内容?

答: 供用电合同的内容主要包括:

(1)供电的方式、质量和时间。供电方式包括主供电源、备用电源、保安电源的供电方式以及委托转供电等内容。

(2)用电容量、地址和性质。用电容量是指供电人认定的用电人受电设备的总容量,以千瓦(千伏安)表示。用电地址是指用电人使用电力的地址。用电性质包括用电人行业分类和用电分类。行业分类分为农业、工业、建筑业等七大类和城乡居民生活用电。用电分类包括大工业用电、农业生产用电、商业用电、居民生活用电等。

（3）计量方式和电价、电费的结算方式。计量方式，是指供电人如何计算用电人使用的电量。供电企业应在用户每一个受电点内安装用电计量装置，该装置的记录作为向用电人计算电费的依据。

（4）供用电设施的维护责任。在合同中双方应当协商确认供电设施运行管理责任的分界点。

（5）还要具备合同的有效期限、违约责任及双方共同认为应当约定的其他条款等。

法律依据
Legal basis　《电力供应与使用条例》第三十三条。

12. 供用电合同的订立程序是什么？

答：（1）供电企业应当在其营业场所公告供电的程序、制度和收费标准，并提供用户须知资料。

（2）用电方申请新增用电、临时用电、增加用电容量、变更用电和终止用电，应当依照规定的程序办理。

法律依据
Legal basis　《中华人民共和国电力法》第二十六条。

13. 危害供用电安全、扰乱正常供用电秩序的行为有哪些？

答：（1）在电价低的供电线路上，擅自接用电价高的用电设备或私自改变用电类别。

（2）私增或更换电力设备。

（3）擅自使用已在供电企业办理减容、暂拆手续的电力设备或启用供电企业封存的电力设备。

（4）私自迁移、更动和擅自操作供电企业的电能计量装置、电能信息采集装置、电力负荷管理装置、供电设施以及预定由供电企业调度的用户受电设备。

（5）未经供电企业同意，擅自引入（供出）电源或将备用电源和其他电源私自并网。

法律依据
Legal basis 《供电营业规则》第一百零一条。

14. 危害供用电安全、扰乱正常供用电秩序要承担哪些责任？

答： 供电企业对用户危害供用电安全、扰乱正常供用电秩序等行为应当及时予以制止。用户有下列用电行为者，应当承担相应的责任，双方另有约定的除外：

（1）在电价低的供电线路上，擅自接用电价高的用电设备或私自改变用电类别的，应当按照实际使用日期补交其差额电费，并承担不高于二倍差额电费的违约使用电费，使用起讫日期难以确定的，实际使用时间按照三个月计算。

（2）私增或更换电力设备导致超过合同约定的容量用电的，除应当拆除私增容设备或恢复原用电设备外，属于两部制电价的用户，应当补交私增设备容量使用天数的容（需）量电费，并承担不高于三倍私增容量容（需）量电费的违约使用电费；其他用户应当承担私增容量每千瓦（千伏安视同千瓦）五十元的违约使用电费，如用户要求继续使用者，按照新装增容办理。

（3）擅自使用已在供电企业办理减容、暂拆手续的电力设备或启用供电企业封存的电力设备的，应当停用违约使用的设备；属于两部制电价的用户，应当补交擅自使用或启用封存设备容量和使用天数的容（需）量电费，并承担不高于二倍补交容（需）量电费的违约使用电费；其他用户应当承担擅自使用或启用封存设备容量每次每千瓦（千伏安视同千瓦）三十元的违约使用电费，启用属于私增容被封存的设备的，违约使用者还应当承担本条第二项规定的违约责任。

（4）私自迁移、更动和擅自操作供电企业的电能计量装置、电能信息采集装置、电力负荷管理装置、供电设施以及约定由供电企业调度的用户受电设备者，属于居民用户的，应当承担每次五百元的违约使用电费；属于其他用户的，应当承担每次五千元的违约使用电费。

（5）未经供电企业同意，擅自引入（供出）电源或将备用电源和其他电源私自并网的，除当即拆除接线外，应当承担其引入（供出）或并网电源容量每千瓦（千伏安视同千瓦）五百元的违约使用电费。

法律依据
Legal basis——《供电营业规则》第一百零一条。

15. 窃电行为有哪些？

答:《供电营业规则》认定为窃电的行为主要有：

（1）在供电企业的供电线路上，擅自接线用电。

（2）绕越供电企业电能计量装置用电。

（3）伪造或者开启法定的或者授权的计量检定机构加封的电能计量装置封印用电。

（4）故意损坏供电企业电能计量装置。

（5）故意使供电企业电能计量装置不准或者失效等行为。

（6）采用其他方法窃电。

《湖南省电力设施保护和供用电秩序维护条例》对窃电行为加以细化：

（1）在供电设施或者其他用户的用电设施上擅自接线用电。

（2）绕越计量装置用电。

（3）伪造或者开启质量技术监督部门或者其授权的计量检定机构加封的用电计量装置封印用电。

（4）故意损坏经检定合格的用电计量装置或者故意使经检定合格的用电计量装置计量不准或者失效的。

（5）使用窃电装置用电。

（6）使用非法充值的用电充值卡用电。

（7）私自更改变压器铭牌参数用电。

（8）私自调整分时用电计量装置的参数少交电费的。

（9）其他窃电行为。

法律依据 《供电营业规则》第一百零三条，《湖南省电力设施保护和供用电秩序维护条例》第三十二条。

16. 窃电的处罚标准是什么？

答： 依据《电力法》的规定，盗窃电能的，由电力管理部门责令停止违法行为，追缴电费并处应交电费五倍以下的罚款；构成犯罪的，依照《刑法》有关规定追究刑事责任。《供电营业规则》也规定，供电企业对查获的窃电者，应予制止并可当场中止供电。窃电者应按所窃电量补交电费，并承担补交电费三倍的违约使用电费。拒绝承担窃电责任的，供电企业应报请电力管理部门依法处理。窃电数额较大或情节严重的，供电企业应提请司法机关依法追究刑事责任。

法律依据 《电力法》第七十一条，《供电营业规则》第一百零四条。

17. 发生窃电的，窃电量如何计算？

答： 依据《供电营业规则》规定，能够查实用户窃电量的，按已查实的数额确定窃电量。窃电量不能查实的，按照下列方

法确定:

(1)在供电企业的供电设施上,擅自接线用电或者绕越供电企业电能计量装置用电的,所窃电量按私接设备额定容量(千伏安视同千瓦)乘以实际使用时间计算确定。

(2)以其他行为窃电的,所窃电量按计费电能表标定电流值(对装有限流器的,按限流器整定电流值)所指的容量(千伏安视同千瓦)乘以实际窃用的时间计算确定。

窃电时间无法查明时,窃电日数至少以一百八十天计算,每日窃电时间:电力用户按十二小时计算;照明用户按六小时计算。

《湖南省电力设施保护和供用电秩序维护条例》对此作出更详细的规定。窃电时间能够查明的,窃电量按照下列方法确定:

(1)在供电企业的供电设施或者其他用户的用电设施上私自接线或者绕越供电企业用电计量装置用电的,所窃电量按私接用电设备额定容量(千伏安视同千瓦)乘以实际窃用时间计算确定。

(2)以其他方式窃电的,所窃电量按计费电能表额定电流值(对装有限流器的,按限流器整定电流值)所指的容量(千伏安视同千瓦)乘以实际窃用时间计算确定。

窃电时间无法查明的,窃电量按照下列方法之一确定:

(1)按同属性单位正常用电的单耗和产品产量相乘计算用电量,再加上其他辅助用电量后与抄见电量对比的差额计算确定。

(2)在总表上窃电的,按分表电量总和与总表抄见电量的差额计算确定。

(3)按历史上正常月份用电量与窃电后抄见电量的差额,并根据实际用电变化计算确定。

(4)按照上述方法仍不能确定的,依照《供电营业规则》第一百零三条第二款规定，窃电日数以一百八十天计，每日窃电时间：电力用户按十二小时计算；照明用户按六小时计算的规定认定。对于用电时间尚不足一百八十天的，按自开始用电起的实际日数计算。

法律依据
Legal basis　　《供电营业规则》第一百零五条，《湖南省电力设施保护和供用电秩序维护条例》第三十四条。

18. 违约用电与窃电之间有什么不同?

答: 违约用电的定义是危害供用电安全，扰乱正常的供用电秩序的行为。窃电的定义是以非法占用电能，以不交或少交电费为目的的行为。二者之间主要存在如下区别：

（1）窃电行为只能以秘密窃取的方式进行，其行为具有隐蔽性；而违约用电行为并不是都采取秘密手段实施。

（2）窃电行为以非法占用电能或不交、少交电费为目的；而违约用电行为无论擅自超过合同约定的容量用电还是擅自超过计划分配的用电指标用电，行为人实施行为的目的都不是要非法占有电能，而是试图通过自己的行为改变原有的用电模式和用电状态。

（3）窃电行为往往使电能非法转移，使供电企业因少收或不收电费而遭受经济损失；而违约用电行为危害的则是供用电安全，扰乱正常的供用电秩序。

（4）在法律责任上，窃电行为人要承担补交电费和违约使用电费的法律责任，还会依照其数额定罪量刑，大多构成盗窃罪，若危害了公共安全，还可能以破坏电力设备罪定罪处罚；而违约用电行为人需补交电费并按照合同约定承担违约用电的违约责任，并以其危害程度定罪量刑，若危害了公共安全，则构成破坏电力设备罪。

19. 电力管理部门应当在哪些地点设置安全标志？

答： 根据《电力设施保护条例实施细则》规定，电力管理部门应在下列地点设置安全标志：

（1）架空电力线路穿越的人口密集地段。

（2）架空电力线路穿越的人员活动频繁的地区。

（3）车辆、机械频繁穿越架空电力线路的地段。

（4）电力线路上的变压器平台。

法律依据
Legal basis　　《电力设施保护条例实施细则》第九条。

20. 架空电力线路保护区距离指的是什么？电力线路安全距离指的是什么？二者有何区别？

答：《电力设施保护条例》中规定架空电力线路保护区是指导线边线向外侧水平延伸并垂直于地面所形成的两平行面内的区域电力线路保护区。架空电力线路保护区距离就是各级电压导线边线在计算导线最大风偏情况下，距建筑物的水平安全距离。对应不同的电压等级，电力线路保护区所要求的水平距离也有所不同，电压等级越高、保护区域的水平距离越大。

电力线路安全距离则是输电线路"对地距离及交叉跨越"，包含导线对地面（山坡、峭壁、岩石）的最小距离，导线与建筑物之间的最小距离，导线与树木之间的最小距离，输电线路与铁路、道路、河流、管道、索道及各种架空线路交叉或接近的最小距离等。根据不同的电压等级，电压等级越高，安全距离越大。

《电力设施保护条例》第十条中同时存在"架空电力线路保护区"距离和"安全距离"这两个概念，且二者存在明显差异。一是"安全距离"通常应当小于"架空电力线路保护区"距离；二是"安全距离"需要计算最大弧垂和最大风偏，而"架空电力线路保护区"距离一般不需要计算最大弧垂和最大风偏；三是作出了要求，而"安全距离"在此基础上还对与风偏、弧垂相关的其他距离作了要求。电力线路安全距离并不在条例及实施细则的调整范围，通常是由国家标准作出强制性规定，比如《110 kV ~ 750 kV架空输电线路设计规范》。

因此"电力线路保护区"（包括架空电力线路保护区、电力电缆线路保护区）距离和电力线路与建筑物的"安全距离"的法律依据不同、适用的主体不同、成就的先后顺序不同、保护的内容不同，它们是两个独立的法律概念。

法律依据
Legal basis　　《电力设施保护条例》第十条。

21.架空电力线路保护区的规定是怎样的?

答: 架空电力线路保护区，是为了保证已建架空电力线路的安全运行和保障人民生活的正常供电而必须设置的安全区域。在厂矿、城镇、集镇、村庄等人口密集地区，架空电力线路保护区为导线边线在最大计算风偏后的水平距离和风偏后距建筑物的水平安全距离之和所形成的两平行线内的区域。各级电压导线边线在计算导线最大风偏情况下，距建筑物的水平安全距离如下:

1千伏以下　1.0米

1 ~ 10千伏　1.5米

35千伏　3.0米

66 ~ 110千伏　4.0米

154 ~ 220千伏　5.0米

330千伏　6.0米

500千伏　8.5米

法律依据
Legal basis　　《电力设施保护条例实施细则》第五条。

22.江河电缆保护区的宽度是多少?

答： 敷设于二级及以上航道时，为线路两侧各100米所形成的两平行线内的水域；敷设于三级及以下航道时，为线路两侧各50米所形成的两平行线内的水域。

法律依据
Legal basis 《电力设施保护条例实施细则》第六条。

23.地下电力电缆保护区的宽度是多少?

答： 地下电力电缆保护区的宽度为地下电力电缆线路地面标桩两侧各0.75米所形成两平行线内区域。

法律依据
Legal basis 《电力设施保护条例实施细则》第七条。

24.任何单位或个人不得从事哪些危害发电设施、变电设施的行为?

答： 任何单位和个人都不得从事以下危害发电设施、变电设施的行为：

（1）闯入发电厂、变电站内扰乱生产和工作秩序，移动、损害标志物。

（2）危及输水、输油、供热、排灰等管道（沟）的安全运行。

（3）影响专用铁路、公路、桥梁、码头的使用。

（4）在用于水力发电的水库内，进入距水工建筑物300米区域内炸鱼、捕鱼、游泳、划船及其他可能危及水工建筑物安全的行为。

（5）其他危害发电、变电设施的行为。

法律依据
Legal basis 《电力设施保护条例》第十三条。

25. 任何单位或个人在架空电力线路保护区内不得从事哪些行为？

答：任何单位或个人在架空电力线路保护区内都必须遵守以下规定：

（1）不得堆放谷物、草料、垃圾、矿渣、易燃物、易爆物及其他影响安全供电的物品。

（2）不得烧窑、烧荒。

（3）不得兴建建筑物、构筑物。

（4）不得种植可能危及电力设施安全的植物。

法律依据 _Legal basis_ 《电力设施保护条例》第十五条。

26. 任何单位或个人在电力电缆线路保护区内不得从事哪些行为？

答：任何单位或个人在电力电缆线路保护区内都必须遵守以下规定：

（1）不得在地下电缆保护区内堆放垃圾、矿渣、易燃物、易爆物，倾倒酸、碱、盐及其他有害化学物品，兴建建筑物、构筑物或种植树木、竹子。

（2）不得在海底电缆保护区内抛锚、拖锚。

（3）不得在江河电缆保护区内抛锚、拖锚、炸鱼、挖沙。

法律依据 _Legal basis_ 《电力设施保护条例》第十六条。

27. 任何单位或个人不得从事哪些危害电力设施建设的行为？

答：任何单位或个人都不得从事以下危害电力设施建设的

行为:

（1）非法侵占电力设施建设项目依法征收的土地。

（2）涂改、移动、损害、拔除电力设施建设的测量标桩和标记。

（3）破坏、封堵施工道路，截断施工水源或电源。

法律依据
Legal basis 《电力设施保护条例》第十八条。

28. 架设电力线路前已经存在的植物要如何处理?

答:《电力法》规定，在依法划定电力设施保护区前已经种植的植物妨碍电力设施安全的，应当修建或者砍伐。同时《电力设施保护条例》第二十四条第一款规定，新建、改建或扩建电力设施，需要损害农作物、砍伐树木、竹子，或拆迁建筑物及其他设施的，电力建设企业应按照国家有关规定给予一次性补偿。

《电力设施保护条例实施细则》对此作出更进一步的详细规定。架空电力线路建设项目和公用工程、城市绿化及其他工程之间发生妨碍时，按下述原则处理:

（1）新建架空电力线路建设工程、项目需穿过林区时，应当按照国家有关电力设计的规程伐出通道，通道内不得再种植树木;对需砍伐的树木由架空电力线路建设单位按照国家的规定办理手续和付给树木所有者一次性补偿费用，并与其签订不再在通道内种植树木的协议。

（2）架空电力线路建设项目、计划已经当地城市建设规划主管部门批准的，园林部门对影响架空电力线路安全运行的树木，应当负责修剪，并保持今后树木自然生长最终高度和架空电力线路导线之间的距离符合安全距离的要求。

但电力建设企业需注意，在对电力设施保护区内的植物进行清理时，要注意《中华人民共和国森林法》等相关法律法规的规定，对可能是珍贵树木或具有特殊价值的植物资源进行合法合规的处理，并参照《湖南省地方重点保护野生植物名录》。

法律依据 Legal basis 　《电力法》第五十三条，《电力设施保护条例》第二十四条，《电力设施保护条例实施细则》第十六条。

29. 电力企业对已划定的电力设施保护区域内新种植或自然生长的可能危及电力设施安全的树木、竹子是否可以进行砍伐？是否需要补偿？

答：在依法划定的电力设施保护区内，任何单位和个人不得种植危及电力设施安全的树木、竹子或高秆植物。

电力企业对已划定的电力设施保护区域内新种植或自然生长的可能危及电力设施安全的树木、竹子，应当予以砍伐，并不予支付林木补偿费、林地补偿费、植被恢复费等任何费用。

法律依据 Legal basis 　《电力法》第五十三条，《电力设施保护条例实施细则》第十三条、第十八条。

30. 哪些行为必须经县级以上地方电力管理部门批准，并采取安全措施后，方可进行作业或活动？

答：必须经县级以上地方电力管理部门批准，并采取安全措施后，方可进行作业或活动的行为主要有：

（1）在架空电力线路保护区内进行农田水利基本建设工程及打桩、钻探、开挖等作业。

（2）起重机械的任何部位进入架空电力线路保护区进行施工。

（3）小于导线距穿越物体之间的安全距离，通过架空电力线路保护区。

（4）在电力电缆线路保护区内进行作业。

法律依据
Legal basis 《电力设施保护条例》第十七条。

31.在杆塔、拉线基础的附近进行取土、堆物、打桩、钻探、开挖活动时，必须遵守哪些要求?

答:（1）预留出通往杆塔、拉线基础供巡视和检修人员、车辆通行的道路。

（2）不得影响基础的稳定，如可能引起基础周围土壤、砂石滑坡，进行上述活动的单位或个人应当负责修筑护坡加固。

（3）不得损坏电力设施接地装置或改变其埋设深度。

法律依据
Legal basis 《电力设施保护条例实施细则》第十二条。

湖南省电力设施保护、供用电秩序维护法规篇

（湖南省电力设施保护和供用电秩序维护条例、
湖南省实施《电力设施保护条例》办法）

1.我国现行有关电力的法律法规有哪些?

答: 我国现行的保护电力设施的法律规定主要有:《电力法》《电力设施保护条例》《电力供应与使用条例》《电力设施保护条例实施细则》《供电营业规则》等。

湖南省还有《湖南省电力设施保护和供用电秩序维护条例》《湖南省实施〈电力设施保护条例〉办法》等。

2.《湖南省电力设施保护和供用电秩序维护条例》将保护电力设施作为主要目的的原因是什么?

答: 结合湖南省实际,执行上位法《电力法》和《电力设施保护条例》的规定,将上位法中关于供用电当事方的权利义务和人民政府、电力行政管理部门的职责具体化,并就现行法律、行政法规不足部分进行补充规范,为维护供用电秩序提供制度性保证。

3.《湖南省实施〈电力设施保护条例〉办法》中对架空电力线路保护区是如何规定的?

答: 架空电力线路保护区为导线边线向外侧水平延伸并垂直于地面所形成的两平行面内的区域:

(1)在一般地区,各级电压导线的边线延伸距离:1~10千伏为5米;35~110千伏为10米;220千伏为15米;500千伏为20米。

(2)在厂矿、城镇等人口密集地区,各级电压导线边线在计算导线最大风偏情况下,距建筑物的水平安全距离:1千伏以下为1.0米;1~10千伏为1.5米;25千伏为3.0米;110千伏为4.0米;220千伏为5.0米;500千伏为8.5米。

(3)在厂矿、城镇等人口密集地区,各级电压导线边线在计算导线最大风偏或者孤垂情况下，距树木、竹子的安全距离：35～110千伏，水平距离为3.5米，垂直距离为4.0米；220千伏，水平距离为4.0米，垂直距离为4.5米；500千伏，水平距离为7.0米，垂直距离为7.0米。

法律依据 Legal basis —— 《湖南省实施〈电力设施保护条例〉办法》第八条。

4. 供电企业因故中断供电时，要遵守哪些规定？

答： 供电企业因故中断供电时，必须遵守以下规定：

（1）因供电设施计划检修需要停电时，应当提前七日通知用户或者进行公告。

（2）因供电设施临时检修需要停电时，应当提前二十四小时通知重要用户或者进行公告。

（3）因发、供电系统发生故障需要停电、限电或者按计划停电、限电时，供电企业应当按照确定的停电、限电序位进行停电或者限电。停电、限电序位应当事先向用户公告。

法律依据 Legal basis —— 《湖南省电力设施保护和供用电秩序维护条例》第三十七条。

5. 废旧电力设施器材应如何处置？

答： 任何个人不得收购废旧电力设施器材。

出售电力设施废旧器材的单位和个人，应当出具单位证明或者出售人有效证件。

收购废旧电力设施器材的单位应当按照国家规定向所在地县级公安机关备案。收购废旧电力设施器材应当建立收购台账，如实登记出售单位名称、住所及经办人或者出售个人姓名、身份证件号码、住址以及废旧电力设施器材的来源、规格、数量和去向等内容；发现有公安机关通报寻查的赃物或者有赃物嫌疑的物品时，应当立即报告公安机关。收购台账的保存期不得少于两年。

禁止非法出售、收购电力设施废旧器材。任何单位未经公安等有关部门依照国家有关规定批准，不得收购废旧电力设施器材。对非法收购和出售废旧电力设施器材的行为，公安、工商行政管理等有关部门应当依法查处。

L法律依据
egal basis 《湖南省电力设施保护和供用电秩序维护条例》第二十二条，《湖南省实施〈电力设施保护条例〉办法》第十八条。

6.电力行政主管部门应如何保护电力设施，维护供用电秩序？

答：（1）在必要的架空电力线路保护区的区界上设立保护标志，并标明保护区的宽度和保护规定；在架空电力线路跨越重要公路的区段设立保护标志，并标明电力线路下穿越物体的限制高度；地下、水底电缆铺设后，应当设立永久性标志，并将电缆所在位置书面通知有关部门；在发电厂、水电站大坝、变电站的保护区域内设立禁区标志，并标明保护区的范围和保护规定。

在架空电力线路跨越航道的区段，电力行政主管部门应当设立保护标志，并标明电力线路下穿越物体的限制高度；设置在河道中的塔杆影响通航安全需要设立特别标志的，由电力行政主管部门会同水路交通管理部门协商处理。

（2）电力行政主管部门按照《电力设施保护条例》的规定，批准在电力设施保护区实施作业的事项时，应当征求相关电力设施所有人或者管理人的意见。

（3）电力行政主管部门应当采取有效措施，优化电能资源配置，协调供用电关系，维护安全有序的供用电秩序。

对于高能耗、环境污染严重等列入国家限制类、禁止发展类的企业或者生产设备的用电，电力行政主管部门应当按照国家和省人民政府的有关规定实行差别电价、限制用电或者终止供电。

（4）电力行政主管部门依法对电力企业和用户遵守电力法律、法规的情况进行监督检查，协调处理电力设施保护和供用电秩序方面的纠纷，维护公共安全、公共利益以及电力企业和用户的合法权益。

（5）电力行政主管部门应当建立举报制度，公开举报电话、通信地址和电子邮件信箱，受理并及时查处对危害电力设施和破坏供用电秩序行为的投诉和举报，对举报属实的予以奖励。

（6）电力行政主管部门可以委托符合法定条件的、具有管理公共事务职能的事业组织，依法对违反电力设施保护和供用电秩序维护的法律、法规的行为进行监督检查，实施行政处罚。

法律依据 《湖南省电力设施保护和供用电秩序维护条例》第十六条、第十七条、第二十三条、第三十九条、第四十一条、第四十二条。

7. 对电力建设项目划定的电力设施保护区如何进行保护？

答： 电力管理部门应当按照国务院有关电力设施保护的规定，对电力设施保护区设立标志。

任何单位和个人不得在依法划定的电力设施保护区内修建可能危及电力设施安全的建筑物、构筑物，不得种植可能危及电力设施安全的植物，不得堆放可能危及电力设施安全的物品。

在依法划定电力设施保护区前已经种植的植物妨碍电力设施安全的，应当修剪或者砍伐。

法律依据 《湖南省电力设施保护和供用电秩序维护条例》第十一条。

8. 电力行政主管部门要如何保护电力设施?

答: 电力行政主管部门保护电力设施主要做到以下方面:

（1）在必要的架空电力线路保护区的区界上设立保护标志,并标明保护区的宽度和保护规定。

（2）在架空电力线路跨越重要公路的区段设立保护标志,并标明电力线路下穿越物体的限制高度。

（3）地下、水底电缆铺设后,应当设立永久性标志,并将电缆所在位置书面通知有关部门。

（4）在发电厂、水电站大坝、变电站的保护区域内设立禁区标志,并标明保护区的范围和保护规定。

在架空电力线路跨越航道的区段,电力行政主管部门应当设立保护标志,并标明电力线路下穿越物体的限制高度;设置在河道中的塔杆影响通航安全需要设立特别标志的,由电力行政主管部门会同水路交通管理部门协商处理。

法律依据
Legal basis　《湖南省电力设施保护和供用电秩序维护条例》第十六条。

9. 发生电力运行事故造成用户家电损坏的,供电企业有哪些职责?

答: 因电力运行事故引起用户家用电器损坏的,供电企业应当在接到投诉后二十四小时内安排人员调查核实,并按照《居民用户家用电器损坏处理办法》进行处理。

法律依据
Legal basis　《湖南省电力设施保护和供用电秩序维护条例》第二十八条。

10.哪些情形下供电企业可以中断供电?

答: 有下列情形之一,严重影响供电质量、电网安全或者破坏供用电秩序的,供电企业可以中断供电:

(1)用户窃电的。

(2)用户的用电设备接入电网运行所注入电网的谐波电流或者引起公共连接点电压正弦波畸变率超过国家规定标准,供电企业通知后,用户不予改正的。

(3)用户的冲击、波动、非对称负荷影响供电质量或电网安全,供电企业通知后,用户不予改正的。

(4)用户在电力设施保护区内实施违法作业的。

(5)其他严重影响供电质量、电网安全或者破坏正常供用电秩序,确需中断供电的。

法律依据
Legal basis 《湖南省电力设施保护和供用电秩序维护条例》第三十六条。

11.符合哪些条件的,供电企业应当在二十四小时内恢复供电?

答: 以下情形中,供电企业应在二十四小时内恢复供电。

(1)因窃电被中止供电的用户改正窃电行为后,向供电企业补交了电费并支付了违约金或者提供了足额担保的。

(2)其他严重影响供电质量、电网安全或者供用电秩序的行为已经改正的。

(3)电力行政主管部门作出了恢复供电决定的。

法律依据
Legal basis 《湖南省电力设施保护和供用电秩序维护条例》第三十八条。

12. 电力企业及其工作人员不得有哪些行为？

答： 电力企业及其工作人员不得有下列行为：

（1）违反规定停电，无故拖延送电。

（2）自立收费项目，擅自更改收费标准。

（3）对用户投诉、咨询推诿塞责，不及时处理投诉、举报。

（4）其他损害用户合法权益的行为。

法律依据 ᴸegal basis 《湖南省电力设施保护和供用电秩序维护条例》第二十九条。

13. 供电企业应当在其营业场所公示哪些项目？

答： 供电企业应当在其营业场所公示用电办理程序、服务规范、收费项目和标准，优化售电与缴费的网点、方式及流程。

法律依据 ᴸegal basis 《供电营业规则》第十九条，《湖南省电力设施保护和供用电秩序维护条例》第二十七条。

14. 对于高能耗、环境污染严重等列入国家限制类、禁止发展类的企业或者生产设备的用电，电力行政主管部门应当采取哪些措施？

答： 对于高能耗、环境污染严重等列入国家限制类、禁止发展类的企业或者生产设备的用电，电力行政主管部门应当按照国家和省人民政府的有关规定实行差别电价、限制用电或者终止供电。

法律依据 ᴸegal basis 《湖南省电力设施保护和供用电秩序维护条例》第二十三条。

15.架空电力线路的塔基础用地需要向哪个部门申请办理用地手续?

答: 架空电力线路的塔基础用地由电力建设单位以县、市（区）为单位统一向省人民政府国土资源行政主管部门申请办理用地手续。

法律依据
egal basis 《湖南省电力设施保护和供用电秩序维护条例》第十条。

16.架空电力线路走廊和地下电缆通道建设是否需要实行征地?

答: 架空电力线路的电杆、拉线需要用地的，电力建设单位应当和相关的农村集体经济组织或者个人签订协议，明确用地位置、保护责任、补偿金额等内容。

架空电力线路走廊和地下电缆通道建设不实行征地。

法律依据
egal basis 《湖南省电力设施保护和供用电秩序维护条例》第十条。

17.电力设施与公用工程、城市绿化和其他工程在新建、改建、扩建中相互妨碍时应当如何处理?

答: 电力设施与公用工程、城市绿化和其他工程在新建、改建、扩建中相互妨碍时，应当以依法批准的规划为依据，按规划在先的原则协商解决；协商不成的，由规划在后者承担迁移、改造和采取有关措施的费用。

法律依据
egal basis 《湖南省电力设施保护和供用电秩序维护条例》第十四条。

18. 在遭遇自然灾害或者突发性事件等危及电力设施安全的紧急情况时，电力设施所有人、管理人是否可以先行采取紧急措施？

答： 在遭遇自然灾害或者突发性事件等危及电力设施安全的紧急情况时，电力设施所有人、管理人可以先行采取紧急措施，防止危害电力设施安全的事故发生或者最大程度减轻事故的危害；采取紧急措施后，应当及时告知利害关系人，并依法补办相关手续。

法律依据 《湖南省电力设施保护和供用电秩序维护条例》第十九条。

19.《湖南省电力设施保护和供用电秩序维护条例》规定了禁止实施哪些危害电力设施的行为？

答： 任何单位和个人不得实施下列危害电力设施的行为：

（1）盗窃、破坏、哄抢电力设施及器材。

（2）损坏发电厂、变电站、水电站的建（构）筑物。

（3）拆卸变压器及其附属设施，堵塞发电设施附属的输油、供水、供热、排灰、送汽等管道。

（4）损坏、封堵发电厂、变电站的铁路专用线、专用公路或者专用码头。

（5）损坏、擅自移动、涂改电力设施标志。

（6）在火力发电厂冷却池、输水管道、沟渠的进出水口禁区范围内游泳、捕鱼。

（7）在水电厂禁区范围内游泳、捕鱼、停泊船筏、挖沙取土。

（8）在电力线路杆塔、拉线基础规定范围内和地下电缆保护区内取土、开挖、打桩、钻探或者倾倒酸、碱、盐及其他有害化学物品。

（9）违章攀爬变压器台架、电力杆塔，擅自在电力杆塔上搭挂各类缆线、广播器材和广告牌等外挂装置。

（10）向导线抛掷物体。

（11）擅自在电缆沟道中铺设各类缆线。

（12）在电力设施保护范围或者保护区内钓鱼、燃放烟花鞭炮或者放风筝、气球及其他空中物体等。

> **法律依据**
> Legal basis　　《湖南省电力设施保护和供用电秩序维护条例》第二十条。

20.供电企业定期检验、轮换用电计量装置的费用由谁承担支付？

答：供电企业定期检验、轮换用电计量装置时，费用由供电企业承担，用户应当予以配合。

用户发现用电计量装置发生故障、损坏或者丢失，应当及时告知供电企业；供电企业应当及时处理。

> **法律依据**
> Legal basis　　《湖南省电力设施保护和供用电秩序维护条例》第三十一条。

21.供电企业查电人员对用户依法进行用电安全检查时应遵守何种规定？

答：供电企业查电人员按照《用电检查管理办法》对用户依法进行用电安全检查时，不得少于两人，并应当出示《用电检查证》，检查完后制作用电检查记录。用户应当提供便利。

用电检查人员在检查时发现窃电行为的，应当予以制止，必要时向电力行政主管部门报告。

用电检查人员可以通过录像、摄影、现场保存窃电装置等方式保存窃电的证据。

法律依据
Legal basis
《湖南省电力设施保护和供用电秩序维护条例》第三十五条。

合规管理篇

法者，非从天下，非从地出，发乎人间，合乎人心而已。

——《慎子·佚文》

法治创造价值，合规引领未来。

——合规谚语

1.《中央企业合规管理办法》中的合规、合规管理、合规风险分别是指什么？

答：《中央企业合规管理办法》中规定：

合规，是指企业经营管理行为和员工履职行为符合国家法律法规、监管规定、行业准则和国际条约、规则，以及公司章程、相关规章制度等要求。

合规风险，是指企业及其员工在经营管理过程中因违规行为引发法律责任、造成经济或者声誉损失以及其他负面影响的可能性。

合规管理，是指企业以有效防控合规风险为目的，以提升依法合规经营管理水平为导向，以企业经营管理行为和员工履职行为为对象，开展的包括建立合规制度、完善运行机制、培育合规文化、强化监督问责等有组织、有计划的管理活动。

法律依据
Legal basis　《中央企业合规管理办法》第三条。

2.《中央企业合规管理办法》对企业主管负责人提出什么样的要求？

答： 企业主要负责人作为推进法治建设的第一责任人，应当切实履行依法合规经营重要组织者、推动者和实践者职责，积极推动合规管理各项工作。

法律依据
Legal basis　《中央企业合规管理办法》第十条。

3.合规管理工作要坚持哪些原则？

答： 中央企业合规管理工作应当遵循以下原则：

（1）坚持党的领导。充分发挥企业党委（党组）领导作用，落实全面依法治国战略部署有关要求，把党的领导贯穿合规管理全过程。

（2）坚持全面覆盖。将合规要求嵌入经营管理各领域各环节，贯穿决策、执行、监督全过程，落实到各部门、各单位和全体员工，实现多方联动、上下贯通。

（3）坚持权责清晰。按照"管业务必须管合规"要求，明确业务及职能部门、合规管理部门和监督部门职责，严格落实员工合规责任，对违规行为严肃问责。

（4）坚持务实高效。建立健全符合企业实际的合规管理体系，突出对重点领域、关键环节和重要人员的管理，充分利用大数据等信息化手段，切实提高管理效能。

法律依据
egal basis —— 《中央企业合规管理办法》第五条。

4.《中央企业合规管理办法》对合法合规性审查机制是如何要求的？

答： 中央企业应当将合规审查作为必经程序嵌入经营管理流程，重大决策事项的合规审查意见应当由首席合规官签字，对决策事项的合规性提出明确意见。业务及职能部门、合规管理部门依据职责权限完善审查标准、流程、重点等，定期对审查情况开展后评估。

法律依据
egal basis —— 《中央企业合规管理办法》第二十一条。

5.国有企业为什么要进行全面合规管理建设？

答： 习近平总书记强调，守法经营是任何企业都必须遵守的一个大原则，企业只有依法合规经营才能行稳致远。党的十九大后，党中央明确提出习近平法治思想，把全面依法治国提升到前所未有的新高度。《法治中国建设规划（2020～2025年）》《法治社会建设实施纲要（2020～2025年）》等中央文件对企业依法合规经营提出明确要求。落实党中央部署要求，国务院国资委高度重视合规管理工作，2018年印发《中央企业合规管理指引（试行）》，组织编制一系列重点领域合规指南，进一步加大推动力度。

企业合规也是企业经济持续健康稳定社会发展的必然要求，可以一定程度上免除企业可能承担的民事、刑事法律风险，加强全面合规管理建设还可以全面提升依法治企能力。

6. 中央企业董事会在企业合规中要履行哪些职责？

答： 中央企业董事会发挥定战略、作决策、防风险作用，主要履行以下职责：

（1）审议批准合规管理基本制度、体系建设方案和年度报告等。

（2）研究决定合规管理重大事项。

（3）推动完善合规管理体系并对其有效性进行评价。

（4）决定合规管理部门设置及职责。

法律依据 Legal basis 《中央企业合规管理办法》第八条。

7. 中央企业经理层在企业合规中要履行哪些职责？

答： 中央企业经理层发挥谋经营、抓落实、强管理作用，主要履行以下职责：

（1）拟订合规管理体系建设方案，经董事会批准后组织实施。

（2）拟订合规管理基本制度，批准年度计划等，组织制定合规管理具体制度。

（3）组织应对重大合规风险事件。

（4）指导监督各部门和所属单位合规管理工作。

法律依据 　《中央企业合规管理办法》第九条。

8.中央企业的业务和职能部门在企业合规中要履行哪些职责？

答： 中央企业业务及职能部门承担合规管理主体责任，主要履行以下职责：

（1）建立健全本部门业务合规管理制度和流程，开展合规风险识别评估，编制风险清单和应对预案。

（2）定期梳理重点岗位合规风险，将合规要求纳入岗位职责。

（3）负责本部门经营管理行为的合规审查。

（4）及时报告合规风险，组织或者配合开展应对处置。

（5）组织或者配合开展违规问题调查和整改。

中央企业应当在业务及职能部门设置合规管理员，由业务骨干担任，接受合规管理部门业务指导和培训。

法律依据 　《中央企业合规管理办法》第十三条。

9.中央企业合规管理部门在企业合规中有哪些职责？

答： 中央企业合规管理部门牵头负责本企业合规管理工作，主要履行以下职责：

（1）组织起草合规管理基本制度、具体制度、年度计划和工作报告等。

（2）负责规章制度、经济合同、重大决策合规审查。

（3）组织开展合规风险识别、预警和应对处置，根据董事会授权开展合规管理体系有效性评价。

（4）受理职责范围内的违规举报，提出分类处置意见，组织或者参与对违规行为的调查。

（5）组织或者协助业务及职能部门开展合规培训，受理合规咨询，推进合规管理信息化建设。

法律依据
Legal basis　　《中央企业合规管理办法》第十四条。

10.《中央企业合规管理办法》对企业合规工作的运行是如何规定的？

答：（1）中央企业应当建立合规风险识别评估预警机制，全面梳理经营管理活动中的合规风险，建立并定期更新合规风险数据库，对风险发生的可能性、影响程度、潜在后果等进行分析，对典型性、普遍性或者可能产生严重后果的风险及时预警。

（2）中央企业应当将合规审查作为必经程序嵌入经营管理流程，重大决策事项的合规审查意见应当由首席合规官签字，对决策事项的合规性提出明确意见。业务及职能部门、合规管理部门依据职责权限完善审查标准、流程、重点等，定期对审查情况开展后评估。

（3）中央企业应当建立违规问题整改机制，通过健全规章制度、优化业务流程等，堵塞管理漏洞，提升依法合规经营管理水平。

（4）中央企业应当设立违规举报平台，公布举报电话、邮箱或者信箱，相关部门按照职责权限受理违规举报，并就举报问题进行调查和处理，对造成资产损失或者严重不良后果的，移交责任追究部门；对涉嫌违纪违法的，按照规定移交纪检监察等相关部门或者机构。

（5）中央企业应当完善违规行为追责问责机制，明确责任范围，细化问责标准，针对问题和线索及时开展调查，按照有关规定严肃追究违规人员责任。

（6）中央企业应当结合实际建立健全合规管理与法务管理、内部控制、风险管理等协同运作机制，加强统筹协调，避免交叉重复，提高管理效能。

（7）中央企业应当定期开展合规管理体系有效性评价，针对重点业务合规管理情况适时开展专项评价，强化评价结果运用。

（8）中央企业应当将合规管理作为法治建设重要内容，纳入对所属单位的考核评价。

法律依据
Legal basis 《中央企业合规管理办法》第二十条～第二十八条。

反垄断法篇

强化反垄断、深入推进公平竞争政策实施，是完善社会主义市场经济体制的内在要求。

——习近平在中央全面深化改革委员会

第二十一次会议上强调

反垄断法规制的是垄断行为而不是垄断状态。

——反垄断谚语

1.制定《反垄断法》的目的是什么？

答： 制定《反垄断法》，是为预防和制止垄断行为，保护市场公平竞争，提高经济运行效率，维护消费者利益和社会公共利益，促进社会主义市场经济健康发展。

法律依据
Legal basis ·《反垄断法》第一条。

2.《反垄断法》的适用范围包括哪些？

答： 中华人民共和国境内经济活动中的垄断行为，适用本法；中华人民共和国境外的垄断行为，对境内市场竞争产生排除、限制影响的，适用本法。

法律依据
Legal basis ·《反垄断法》第二条。

3.《反垄断法》中规定的垄断行为有哪些？

答：《反垄断法》中规定的垄断行为有：

（1）经营者达成垄断协议。

（2）经营者滥用市场支配地位。

（3）具有或者可能具有排除、限制竞争效果的经营者集中。

法律依据
Legal basis ·《反垄断法》第三条。

4.国务院设立的反垄断委员会的职责有哪些？

答： 反垄断委员会的职责有：

（1）研究拟订有关竞争政策。

（2）组织调查、评估市场总体竞争状况，发布评估报告。

（3）制定、发布反垄断指南。

（4）协调反垄断行政执法工作。

（5）国务院规定的其他职责。

法律依据
Legal basis　《反垄断法》第十二条。

5.什么是垄断协议？垄断协议有哪些类型？

答： 垄断协议是指排除、限制竞争的协议、决定或者其他协同行为。

垄断协议主要有以下两种：

（1）具有竞争关系的经营者达成下列垄断协议：

1）固定或者变更商品价格。

2）限制商品的生产数量或者销售数量。

3）分割销售市场或者原材料采购市场。

4）限制购买新技术、新设备或者限制开发新技术、新产品。

5）联合抵制交易。

（2）经营者与交易相对人达成下列垄断协议：

1）固定向第三人转售商品的价格。

2）限定向第三人转售商品的最低价格。

法律依据
Legal basis　《反垄断法》第十六条～第十八条。

6.不构成垄断协议的情形有哪些？

答： 经营者能够证明所达成的协议属于下列情形之一的：

（1）为改进技术、研究开发新产品的。

（2）为提高产品质量、降低成本、增进效率，统一产品规格、标准或者实行专业化分工的。

（3）为提高中小经营者经营效率，增强中小经营者竞争力的。

（4）为实现节约能源、保护环境、救灾救助等社会公共利益的。

（5）因经济不景气，为缓解销售量严重下降或者生产明显过剩的。

（6）为保障对外贸易和对外经济合作中的正当利益的。

（7）法律和国务院规定的其他情形。

具有以上情形之一所达成的协议不构成《反垄断法》中垄断协议，其中属于第一项至第五项情形的，经营者还应当证明所达成的协议不会严重限制相关市场的竞争，并且能够使消费者分享由此产生的利益。

法律依据
Legal basis 《反垄断法》第二十条。

7. 滥用市场支配地位中的市场支配地位是指什么？

答：市场支配地位是指经营者在相关市场内具有能够控制商品价格、数量或者其他交易条件，或者能够阻碍、影响其他经营者进入相关市场能力的市场地位。

法律依据
Legal basis 《反垄断法》第二十二条。

8. 滥用市场支配地位的情形有哪些？

答：滥用市场支配地位的情形有：

（1）以不公平的高价销售商品或者以不公平的低价购买商品。

（2）没有正当理由，以低于成本的价格销售商品。

（3）没有正当理由，拒绝与交易相对人进行交易。

（4）没有正当理由，限定交易相对人只能与其进行交易或者只能与其指定的经营者进行交易。

（5）没有正当理由搭售商品，或者在交易时附加其他不合理的交易条件。

（6）没有正当理由，对条件相同的交易相对人在交易价格等交易条件上实行差别待遇。

（7）国务院反垄断执法机构认定的其他滥用市场支配地位的行为。

法律依据
Legal basis　　《反垄断法》第二十二条。

9.哪些因素会影响认定经营者具有市场支配地位？

答： 认定经营者具有市场支配地位的因素有：

（1）该经营者在相关市场的市场份额，以及相关市场的竞争状况。

（2）该经营者控制销售市场或者原材料采购市场的能力。

（3）该经营者的财力和技术条件。

（4）其他经营者对该经营者在交易上的依赖程度。

（5）其他经营者进入相关市场的难易程度。

（6）与认定该经营者市场支配地位有关的其他因素。

法律依据
Legal basis　　《反垄断法》第二十三条。

10.哪些情形可以推定经营者具有市场支配地位？

答： 以下情形可以推定经营者具有市场支配地位：

（1）一个经营者在相关市场的市场份额达到二分之一的。

（2）两个经营者在相关市场的市场份额合计达到三分之二的。

（3）三个经营者在相关市场的市场份额合计达到四分之三的。

但被推定具有市场支配地位的经营者，有证据证明不具有市场支配地位的，不应当认定其具有市场支配地位。

法律依据 Legal basis 《反垄断法》第二十四条。

11. 哪些情形构成经营者集中?

答: 构成经营者集中的情形有:

(1)经营者合并。

(2)经营者通过取得股权或者资产的方式取得对其他经营者的控制权。

(3)经营者通过合同等方式取得对其他经营者的控制权或者能够对其他经营者施加决定性影响。

法律依据 Legal basis 《反垄断法》第二十五条。

12. 合法的实施经营者集中有什么要求?

答: 经营者集中达到国务院规定的申报标准的,经营者应当事先向国务院反垄断执法机构申报,未申报的不得实施集中。经营者集中未达到国务院规定的申报标准,但有证据证明该经营者集中具有或者可能具有排除、限制竞争效果的,国务院反垄断执法机构可以要求经营者申报。经营者未依照规定进行申报的,国务院反垄断执法机构应当依法进行调查。

法律依据 Legal basis 《反垄断法》第二十六条。

13. 经营者达成并实施垄断协议的,会受到什么处罚?

答: 经营者达成并实施垄断协议的,会受到以下处罚:由反垄断执法机构责令停止违法行为,没收违法所得,并处上一年度销售额百分之一以上百分之十以下的罚款,上一年度没有销售额的,处五百万元以下的罚款;尚未实施所达成的垄断协议的,可以处三百万元以下的罚款。经营者的法定代表人、主要负责人和直接责任人员对达成垄断协议负有个人责任的，可以处一百万元以下的罚款。

法律依据
Legal basis　　《反垄断法》第五十六条。

14. 经营者滥用市场支配地位的会受到哪些处罚？

答：经营者滥用市场支配地位的，由反垄断执法机构责令停止违法行为，没收违法所得，并处上一年度销售额百分之一以上百分之十以下的罚款。

法律依据
Legal basis　　《反垄断法》第五十七条。

15. 经营者违反《反垄断法》规定实施集中的，会受到怎样的处罚？

答：经营者违反《反垄断法》规定实施集中，且具有或者可能具有排除、限制竞争效果的，由国务院反垄断执法机构责令停止实施集中、限期处分股份或者资产、限期转让营业以及采取其他必要措施恢复到集中前的状态，处上一年度销售额百分之十以下的罚款；不具有排除、限制竞争效果的，处五百万元以下的罚款。

法律依据
Legal basis　　《反垄断法》第五十八条。

16. 单位拒绝国务院反垄断执法机构工作要求的，会受到哪些处罚？

答：对反垄断执法机构依法实施的审查和调查，拒绝提供有关材料、信息，或者提供虚假材料、信息，或者隐匿、销毁、转移证据，或者有其他拒绝、阻碍调查行为的，由反垄断执法机构责令改正，对单位处上一年度销售额百分之一以下的罚款，上一年度没有销售额或者销售额难以计算的，处五百万元以下的罚款；对个人处五十万元以下的罚款。

法律依据
Legal basis　《反垄断法》第六十二条。

17.单位对反垄断执法机构作出的决定不服，如何进行救济？

答： 对反垄断执法机构依据《反垄断法》第三十四条、第三十五条作出的决定不服的，可以先依法申请行政复议；对行政复议决定不服的，可以依法提起行政诉讼。

对反垄断执法机构作出的前款规定以外的决定不服的，可以依法申请行政复议或者提起行政诉讼。

法律依据
Legal basis　《反垄断法》第六十五条。

知识延伸
nowledge extension

《反垄断法》第三十四条　经营者集中具有或者可能具有排除、限制竞争效果的，国务院反垄断执法机构应当作出禁止经营者集中的决定。但是，经营者能够证明该集中对竞争产生的有利影响明显大于不利影响，或者符合社会公共利益的，国务院反垄断执法机构可以作出对经营者集中不予禁止的决定。

第三十五条　对不予禁止的经营者集中，国务院反垄断执法机构可以决定附加减少集中对竞争产生不利影响的限制性条件。

18.经营者对于知识产权的保护行为适用《反垄断法》吗？

答： 经营者依照有关知识产权的法律、行政法规规定行使知识产权的行为，不适用《反垄断法》；但是，经营者滥用知识产权，排除、限制竞争的行为，适用《反垄断法》的有关规定。

L 法律依据 **egal basis** 　《反垄断法》第六十八条。

党内法律法规篇

要发挥依规治党对党和国家事业发展的政治保障作用，形成国家法律和党内法规相辅相成的格局。

——《全面推进中国特色社会主义法治体系建设》

（2021年12月6日）

1.我国的党内法规体系是什么?

答: 我国的党内法规制度体系,是以党章为根本,以民主集中制为核心,以准则、条例等中央党内法规为主干,由各领域各层级党内法规制度组成的有机统一整体。《中共中央关于加强党内法规制度建设的意见》依据调整对象的不同,将党内法规体系的基本框架概括为"1+4",即在党章之下,分为党的组织法规、党的领导法规、党的自身建设法规、党的监督保障法规四大板块。

2.什么是党内法规?

答: 党内法规是党的中央组织以及中央纪律检查委员、中央各部门和省、自治区、直辖市党委制定的规范党组织的工作、活动和党员行为的党内规章制度的总称。

党内法规的名称为党章、准则、条例、规则、规定、办法、细则。党章对党的性质和宗旨、路线和纲领、指导思想和奋斗目标、组织原则和组织机构、党员义务和权利以及党的纪律等作出根本规定。准则对全党政治生活、组织生活和全体党员行为作出基本规定。条例对党的某一领域重要关系或者某一方面重要工作作出全面规定。规则、规定、办法、细则对党的某一方面重要工作或者事项作出具体规定。

3.中国共产党的行为指南是什么?

答:《中国共产党章程》(以下简称《党章》)总纲中指出:中国共产党以马克思列宁主义、毛泽东思想、邓小平理论、"三个代表"重要思想、科学发展观、习近平新时代中国特色社会主义思想作为自己的行动指南。

4.党的建设必须坚决实现的六项基本要求是什么?

答: 党的建设必须坚决实现以下六项基本要求:

第一,坚持党的基本路线。全党要用邓小平理论、"三个代表"重要思想、科学发展观、习近平新时代中国特色社会主义思想和党的基本路线统一思想,统一行动,并且毫不动摇地长期坚持下去。必须把改革开放同四项基本原则统一起来,全面落实党的基本路线,反对一切"左"的和右的错误倾向,要警惕右,但主要是防止"左"。必须提高政治判断力、政治领悟力、政治执行力,增强贯彻落实党的理论和路线方针政策的自觉性和坚定性。

第二,坚持解放思想,实事求是,与时俱进,求真务实。党的思想路线是一切从实际出发,理论联系实际,实事求是,在实践中检验真理和发展真理。全党必须坚持这条思想路线,积极探索,大胆试验,开拓创新,创造性地开展工作,不断研究新情况,总结新经验,解决新问题,在实践中丰富和发展马克思主义,推进马克思主义中国化时代化。

第三,坚持新时代党的组织路线。全面贯彻习近平新时代中国特色社会主义思想,以组织体系建设为重点,着力培养忠诚干净担当的高素质干部,着力集聚爱国奉献的各方面优秀人才,坚持德才兼备、以德为先、任人唯贤,为坚持和加强党的全面领导、坚持和发展中国特色社会主义提供坚强组织保证。全党必须增强党组织的政治功能和组织功能,培养选拔党和人民需要的好干部,培养和造就大批堪当时代重任的社会主义事业接班人,聚天下英才而用之,从组织上保证党的基本理论、基本路线、基本方略的贯彻落实。

第四,坚持全心全意为人民服务。党除了工人阶级和最广大人民群众的利益,没有自己特殊的利益。党在任何时候都把群众利益放在第一位，同群众同甘共苦，保持最密切的联系，坚持权为民所用、情为民所系、利为民所谋，不允许任何党员脱离群众，凌驾于群众之上。我们党的最大政治优势是密切联系群众，党执政后的最大危险是脱离群众。党风问题、党同人民群众联系问题是关系党生死存亡的问题。党在自己的工作中实行群众路线，一切为了群众，一切依靠群众，从群众中来，到群众中去，把党的正确主张变为群众的自觉行动。

第五，坚持民主集中制。民主集中制是民主基础上的集中和集中指导下的民主相结合。它既是党的根本组织原则，也是群众路线在党的生活中的运用。必须充分发扬党内民主，尊重党员主体地位，保障党员民主权利，发挥各级党组织和广大党员的积极性创造性。必须实行正确的集中，牢固树立政治意识、大局意识、核心意识、看齐意识，坚定维护以习近平同志为核心的党中央权威和集中统一领导，保证全党的团结统一和行动一致，保证党的决定得到迅速有效的贯彻执行。加强和规范党内政治生活，增强党内政治生活的政治性、时代性、原则性、战斗性，发展积极健康的党内政治文化，营造风清气正的良好政治生态。党在自己的政治生活中正确地开展批评和自我批评，在原则问题上进行思想斗争，坚持真理，修正错误。努力造成又有集中又有民主，又有纪律又有自由，又有统一意志又有个人心情舒畅生动活泼的政治局面。

第六，坚持从严管党治党。全面从严治党永远在路上，党的自我革命永远在路上。新形势下，党面临的执政考验、改革开放考验、市场经济考验、外部环境考验是长期的、复杂的、严峻的，精神懈怠危险、能力不足危险、脱离群众危险、消极腐败危险更加尖锐地摆在全党面前。要把严的标准、严的措施贯穿于管党治党全过程和各方面。坚持依规治党、标本兼治，不断健全党内法规体系，坚持把纪律挺在前面，加强组织性纪律性，在党的纪律面前人人平等。强化全面从严治党主体责任和监督责任，加强对党的领导机关和党员领导干部特别是主要领导干部的监督，不断完善党内监督体系。深入推进党风廉政建设和反腐败斗争，以零容忍态度惩治腐败，一体推进不敢腐、不能腐、不想腐。

法律依据
Legal basis　《党章》总纲。

5.中国共产党的性质是什么?

答: 中国共产党是工人阶级的先锋队，同时是中国人民和中华民族的先锋队，是中国特色社会主义事业的领导核心，代表中国先进生产力的发展要求，代表中国先进文化的前进方向，代表中国最广大人民的根本利益。党的最高理想和最终目标是实现共产主义。

法律依据
Legal basis　《党章》总纲。

6.申请入党的条件是什么?

答: 年满十八周岁的中国工人、农民、军人、知识分子和其他社会阶层的先进分子，承认党的纲领和章程、愿意参加党的一个组织并在其中积极工作、执行党的决议和按期交纳党费的，可以申请加入中国共产党。

法律依据
Legal basis　《党章》第一条。

7.按照《党章》规定，预备党员面向党旗进行入党宣誓，誓词内容是什么?

答: 预备党员必须面向党旗进行入党宣誓。誓词如下:我志愿加入中国共产党，拥护党的纲领，遵守党的章程，履行党员义务，执行党的决定，严守党的纪律，保守党的秘密，对党忠诚，积极工作，为共产主义奋斗终身，随时准备为党和人民牺牲一切，永不叛党。

法律依据
Legal basis　　《党章》第六条。

8. 党员有哪些义务？

答: （1）认真学习马克思列宁主义、毛泽东思想、邓小平理论、"三个代表"重要思想、科学发展观、习近平新时代中国特色社会主义思想，学习党的路线、方针、政策和决议，学习党的基本知识和党的历史，学习科学、文化、法律和业务知识，努力提高为人民服务的本领。

（2）增强"四个意识"、坚定"四个自信"、做到"两个维护"，贯彻执行党的基本路线和各项方针、政策，带头参加改革开放和社会主义现代化建设，带动群众为经济发展和社会进步艰苦奋斗，在生产、工作、学习和社会生活中起先锋模范作用。

（3）坚持党和人民的利益高于一切，个人利益服从党和人民的利益，吃苦在前，享受在后，克己奉公，多做贡献。

（4）自觉遵守党的纪律，首先是党的政治纪律和政治规矩，模范遵守国家的法律法规，严格保守党和国家的秘密，执行党的决定，服从组织分配，积极完成党的任务。

（5）维护党的团结和统一，对党忠诚老实，言行一致，坚决反对一切派别组织和小集团活动，反对阳奉阴违的两面派行为和一切阴谋诡计。

（6）切实开展批评和自我批评，勇于揭露和纠正违反党的原则的言行和工作中的缺点、错误，坚决同消极腐败现象作斗争。

（7）密切联系群众，向群众宣传党的主张，遇事同群众商量，及时向党反映群众的意见和要求，维护群众的正当利益。

（8）发扬社会主义新风尚，带头实践社会主义核心价值观和社会主义荣辱观，提倡共产主义道德，弘扬中华民族传统美德，为了保护国家和人民的利益，在一切困难和危险的时刻挺身而出，英勇斗争，不怕牺牲。

法律依据 **Legal basis** 《党章》第三条。

9. 党员有哪些权利？

答：（1）参加党的有关会议，阅读党的有关文件，接受党的教育和培训。

（2）在党的会议上和党报党刊上，参加关于党的政策问题的讨论。

（3）对党的工作提出建议和倡议。

（4）在党的会议上有根据地批评党的任何组织和任何党员，向党负责地揭发、检举党的任何组织和任何党员违法乱纪的事实，要求处分违法乱纪的党员，要求罢免或撤换不称职的干部。

（5）行使表决权、选举权，有被选举权。

（6）在党组织讨论决定对党员的党纪处分或作出鉴定时，本人有权参加和进行申辩，其他党员可以为他作证和辩护。

（7）对党的决议和政策如有不同意见，在坚决执行的前提下，可以声明保留，并且可以把自己的意见向党的上级组织直至中央提出。

（8）向党的上级组织直至中央提出请求、申诉和控告，并要求有关组织给以负责的答复。

党的任何一级组织直至中央都无权剥夺党员的上述权利。

法律依据 **Legal basis** 《党章》第四条。

10. 党员的党龄和入党时间有何区别?

答: 党员的党龄,是从预备期满转为正式党员之日算起。只有正式党员才有党龄,预备党员虽有党籍,但不计算党龄。

在我们党的历史上,有些时期有预备期,有些时期则没有预备期;有些时期入党时间从党员大会通过之日算起,有些时期入党时间则从党委批准之日算起。在不同的时期,党龄的计算就有了不同的情况:

1921年7月1日~1923年6月9日,入党时间为上级党委批准之日,无预备期,党龄同时开始计算。

1923年6月10日~1927年4月26日,入党时间为上级党委批准为预备党员之日,党龄从转正之日算起(转正之日等于入党时间加预备期,劳动者预备期三个月,非劳动者六个月)。

1927年4月27日~1928年6月17日,工人、农民、手工业者、店员、士兵入党时间为上级党委批准之日,无预备期,党龄同时开始计算知识分子、自由职业者入党时间为上级党委批准之日,党龄从转正之日算起,预备期三个月。

1928年6月18日~1945年4月22日,入党时间为上级党委批准之日,无预备期,党龄同时开始计算。

1945年4月23日~1956年9月14日,入党时间为上级党委批准之日,党龄从转正之日算起。工人、苦力、雇农、贫农、城市贫民、士兵预备期六个月;中农、职员、知识分子、自由职业者预备期一年;其他人员预备期两年。

1956年9月15日~1969年3月31日,入党时间为支部大会接收为预备党员之日(须经上级党委批准),党龄从转正之日算起,预备期一年。

1969年4月1日~1977年8月11日,入党时间为上级党委批准之日,无预备期,党龄同时开始计算。

1977年8月12日～1982年9月5日，入党时间为上级党委批准为预备党员之日，党龄从转正之日算起，预备期一年。

1982年9月6日至今，入党时间为支部大会接收为预备党员之日（须经上级党委批准），党龄从转正之日算起，预备期一年。

11. 党员的纪律处分种类有哪些？

答： 对党员的纪律处分种类包括：

（1）警告。

（2）严重警告。

（3）撤销党内职务。

（4）留党察看。

（5）开除党籍。

法律依据
Legal basis 　《党章》第四十一条，《中国共产党纪律处分条例》第八条。

12. 党内处分影响期限分别为多久？

答：《中国共产党纪律处分条例》规定：

（1）党员受到警告处分一年内、受到严重警告处分一年半内，不得在党内提升职务和向党外组织推荐担任高于其原任职务的党外职务。

（2）党员受到撤销党内职务处分，或者应当受到撤销党内职务处分但本人没有担任党内职务而给予其严重警告处分的，二年内不得在党内担任和向党外组织推荐担任与其原任职务相当或者高于其原任职务的职务。

（3）党员受到留党察看处分的，恢复党员权利后二年内，不得在党内担任和向党外组织推荐担任与其原任职务相当或者高于其原任职务的职务。

（4）党员受到开除党籍处分的，五年内不得重新入党，也不得推荐担任与其原任职务相当或者高于其原任职务的党外职务。

此外，《党章》还规定留党察看最长不超过两年。党员在留党察看期间没有表决权、选举权和被选举权。党员经过留党察看，确已改正错误的，应当恢复其党员的权利；坚持错误不改的，应当开除党籍。开除党籍是党内的最高处分。各级党组织在决定或批准开除党员党籍的时候，应当全面研究有关的材料和意见，采取十分慎重的态度。

法律依据
Legal basis 《党章》第四十一条，《中国共产党纪律处分条例》第十条~第十三条。

13. 违犯党的纪律的党组织，应对其作出什么处罚？

答： 对于违犯党的纪律的党组织，上级党组织应当责令其作出检查或者进行通报批评。对于严重违犯党的纪律、本身又不能纠正的党组织，上一级党的委员会在查明核实后，根据情节严重的程度，可以予以：

（1）改组。

（2）解散。

对于受到改组处理的党组织领导机构成员，除应当受到撤销党内职务以上处分的外，均自然免职。

对于受到解散处理的党组织中的党员，应当逐个审查。其中，符合党员条件的，应当重新登记，并参加新的组织过党的生活；不符合党员条件的，应当对其进行教育、限期改正，经教育仍无转变的，予以劝退或者除名；有违纪行为的，依照规定予以追究。

法律依据
Legal basis 《党章》第四十四条，《中国共产党纪律处分条例》第九条、第十五条、第十六条。

14.《中华人民共和国公职人员政务处分法》所称公职人员是指哪类人员?

答:《中华人民共和国公职人员政务处分法》中所称的公职人员主要是指:

(1)中国共产党机关、人民代表大会及其常务委员会机关、人民政府、监察委员会、人民法院、人民检察院、中国人民政治协商会议各级委员会机关、民主党派机关和工商业联合会机关的公务员,以及参照《中华人民共和国公务员法》管理的人员。

(2)法律、法规授权或者受国家机关依法委托管理公共事务的组织中从事公务的人员。

(3)国有企业管理人员。

(4)公办的教育、科研、文化、医疗卫生、体育等单位中从事管理的人员。

(5)基层群众性自治组织中从事管理的人员。

(6)其他依法履行公职的人员。

法律依据
Legal basis   《中华人民共和国公职人员政务处分法》第二条,《中华人民共和国监察法》第十五条。

15.实施政务处分的主体是如何规定的?

答:监察机关应当按照管理权限,加强对公职人员的监督,依法给予违法的公职人员政务处分。

公职人员任免机关、单位应当按照管理权限,加强对公职人员的教育、管理、监督,依法给予违法的公职人员处分。

监察机关发现公职人员任免机关、单位应当给予处分而未给予，或者给予的处分违法、不当的，应当及时提出监察建议。

法律依据
Legal basis 《中华人民共和国公职人员政务处分法》第三条。

16. 政务处分的种类有哪些？

答： 依据《中华人民共和国公职人员政务处分法》的规定，政务处分的种类为：①警告；②记过；③记大过；④降级；⑤撤职；⑥开除。

政务处分的期间为：①警告，六个月；②记过，十二个月；③记大过，十八个月；④降级、撤职，二十四个月。政务处分决定自作出之日起生效，政务处分期自政务处分决定生效之日起计算。

法律依据
Legal basis 《中华人民共和国公职人员政务处分法》第七条、第八条。

17. 有关机关、单位、集体作出的决定违法或实施违法行为的，哪些人员应受到政务处分？

答： 有关机关、单位、组织集体作出的决定违法或者实施违法行为的，对负有责任的领导人员和直接责任人员中的公职人员依法给予政务处分。

法律依据
Legal basis 《中华人民共和国公职人员政务处分法》第十条。

18. 什么情况下，可以对公职人员从轻或者减轻政务处分？

答： 公职人员有下列情形之一的，可以从轻或者减轻给予政务处分：

（1）主动交代本人应当受到政务处分的违法行为的。

（2）配合调查，如实说明本人违法事实的。

（3）检举他人违纪违法行为，经查证属实的。

（4）主动采取措施，有效避免、挽回损失或者消除不良影响的。

（5）在共同违法行为中起次要或者辅助作用的。

（6）主动上交或者退赔违法所得的。

（7）法律、法规规定的其他从轻或者减轻情节。

法律依据 Legal basis 《中华人民共和国公职人员政务处分法》第十一条。

19.哪些情况应加重对公职人员的政务处分？

答： 具有以下情形的，应加重对公职人员的政务处分：

（1）在政务处分期内再次故意违法，应当受到政务处分的。

（2）阻止他人检举、提供证据的。

（3）串供或者伪造、隐匿、毁灭证据的。

（4）包庇同案人员的。

（5）胁迫、唆使他人实施违法行为的。

（6）拒不上交或者退赔违法所得的。

（7）法律、法规规定的其他从重情节。

法律依据 Legal basis 《中华人民共和国公职人员政务处分法》第十三条。

20.党员受到留党察看处分影响期满后，如何恢复党员权利？

答：受到留党察看处分的党员留党察看期满后，所在党支部应当及时对其在留党察看期间的现实表现情况进行认真考察，经考察认为其符合恢复党员权利条件的，应当制作《关于拟恢复×××（受到留党察看处分党员）同志党员权利的公示》，在所在单位、党支部（含受处分时所在单位、党支部）予以公示，公示期一般不少于五日；公示期满后，无异议或者经核实异议不成立的，应当召开党支部党员大会讨论恢复其党员权利事宜，本人无正当理由不得缺席会议，并在会上如实汇报其在留党察看期间的思想认识、工作表现、遵纪守法、廉洁自律以及今后打算等方面情况；在党员大会表决时，本人一般应当回避。党支部党员大会讨论形成决议后，应当将党员大会决议等材料层报所在基层党委；基层党委经审议，同意按期恢复其党员权利的，应当层报原作出党纪处分决定的党组织的下一级党委（党组）审议。原作出党纪处分决定的党组织的下一级党委（党组）经征求有监督执纪权限的纪律检查机关意见并审议通过后，认为其符合恢复党员权利条件的，作出《关于恢复×××（受到留党察看处分党员）同志党员权利的决定》，并按照干部人事管理权限和组织关系归入本人档案、抄告原作出党纪处分决定的党组织；认为其不符合恢复党员权利条件的，依照《中国共产党处分违纪党员批准权限和程序规定》第二十一条第二款、第三款处理；但有监督执纪权限的纪律检查机关在反馈意见时明确告知受到留党察看处分的党员有涉嫌违纪问题线索尚未查明的，该党委（党组）应当暂缓审议，不得先行作出决定，有监督执纪权限的纪律检查机关应当在反馈意见之日起六个月内查明情况并通报该党委（党组）。受到留党察看处分一年的党员留党察看期满后，拟按程序作出延长一年留党察看期限决定的，参照上述程序办理。

法律依据
Legal basis　《中共中央纪委关于规范和明确党员受留党察看

处分期满后恢复党员权利等工作程序的通知》。

知识延伸
nowledge extension

《中国共产党处分违纪党员批准权限和程序规定》第二十一条

第二款 受到留党察看处分一年的党员，留党察看期满后，原作出党纪处分决定的党组织的下一级党委（党组）审核认为其仍不符合恢复党员权利条件的，经报原作出党纪处分决定的党组织批准，作出延长一年留党察看期限的决定。

第三款 党员在留党察看期间，坚持不改或者又发现其他应当受到党纪处分的违纪行为的，应当开除党籍，并由有监督执纪权限的纪律检查机关履行处分审批程序。

21. 党员受到党纪处分后，会受到哪些影响？

答： 依据《中国共产党纪律处分条例》的规定，党员受到党纪处分后：警告处分的，一年内不得在党内提拔职务或者进一步使用，也不得向党外组织推荐担任高于其原任职务的党外职务或者进一步使用；严重警告处分的，一年半内不得在党内提拔职务或者进一步使用，也不得向党外组织推荐担任高于其原任职务的党外职务或者进一步使用；撤销党内职务处分的，二年内不得在党内担任和向党外组织推荐担任与其原任职务相当或者高于其原任职务的职务；留党察看处分的，分为留党察看一年、留党察看二年。留党察看期限最长不得超过二年。党员受到留党察看期间，没有表决权、选举权和被选举权。党员受到留党察看处分，其党内职务自然撤销。对于担任党外职务的，应当建议党外组织撤销其党外职务。受到留党察看处分的党员，恢复党员权利后二年内，不得在党内担任和向党外组织推荐担任与其原任职务相当或者高于其原任职务的职务；开除党籍处分的，五年内不得重新入党。也不得推荐担任与其原任职务相当或者高于其原任职务的党外职务。另有规定不准重新入党的，依照规定。

此外，党的各级代表大会的代表受到留党察看以上处分的，党组织应当终止其代表资格。

Legal basis 法律依据 《中国共产党纪律处分条例》第九条～第十三条。

Knowledge extension 知识延伸

根据《关于受到党纪政纪处分的党政机关工作人员年度考核有关问题的意见》中条款规定：

（1）受党内警告处分的当年，参加年度考核，不得评为优秀。

（2）受党内严重警告处分的当年，参加年度考核，因与职务行为有关的错误而受到严重警告处分的，确定为不称职；因其他错误而受到严重警告处分的，只写评语不确定等次。

（3）受撤销党内职务处分的当年，参加年度考核，确定为不称职；第二年按其新任职务参加考核，按规定条件确定等次。

（4）受留党察看处分的当年，参加年度考核，确定为不称职；受留党察看一年处分的次年，参加考核时只写评语不确定等次；受留党察看两年处分的，第二年和第三年参加年度考核，只写评语不评等次。

（5）受开除党籍处分的当年，参加年度考核，确定为不称职；第二年和第三年参加考核，只写评语不确定等次。

（6）涉嫌违反党纪被立案检查的，可以参加年度考核，但在其受检查期间不确定等次。结案后，不给予党纪处分的，按规定补定等次；给予党纪处分的，视其所受处分种类，按相关规定办理。

22. 中央八项规定、六项禁令的具体内容分别是什么?

答:(1)八项规定的具体内容如下:

1)要改进调查研究,到基层调研要深入了解真实情况,总结经验、研究问题、解决困难、指导工作,向群众学习、向实践学习,多同群众座谈,多同干部谈心,多商量讨论,多解剖典型,多到困难和矛盾集中、群众意见多的地方去,切忌走过场、搞形式主义;要轻车简从、减少陪同、简化接待,不张贴悬挂标语横幅,不安排群众迎送,不铺设迎宾地毯,不摆放花草,不安排宴请。

2)要精简会议活动,切实改进会风,严格控制以中央名义召开的各类全国性会议和举行的重大活动,不开泛泛部署工作和提要求的会,未经中央批准一律不出席各类剪彩、奠基活动和庆祝会、纪念会、表彰会、博览会、研讨会及各类论坛;提高会议实效,开短会、讲短话,力戒空话、套话。

3)要精简文件简报,切实改进文风,没有实质内容、可发可不发的文件、简报一律不发。

4)要规范出访活动,从外交工作大局需要出发合理安排出访活动,严格控制出访随行人员,严格按照规定乘坐交通工具,一般不安排中资机构、华侨华人、留学生代表等到机场迎送。

5)要改进警卫工作,坚持有利于联系群众的原则,减少交通管制,一般情况下不得封路、不清场闭馆。

6)要改进新闻报道,中央政治局同志出席会议和活动应根据工作需要、新闻价值、社会效果决定是否报道,进一步压缩报道的数量、字数、时长。

7)要严格文稿发表,除中央统一安排外,个人不公开出版著作、讲话单行本,不发贺信、贺电,不题词、题字。

8)要厉行勤俭节约,严格遵守廉洁从政有关规定,严格执行住房、车辆配备等有关工作和生活待遇的规定。

（2）六项禁令的具体内容如下：

1）严禁用公款搞相互走访、送礼、宴请等拜年活动。各地各部门要大力精简各种茶话会、联欢会，严格控制年终评比达标表彰活动，单位之间不搞节日慰问活动，未经批准不得举办各类节日庆典活动。上下级之间、部门之间、单位之间、单位内部一律不准用公款送礼、宴请。

2）严禁向上级部门赠送土特产，包括各种提货券。各级党政干部不得以任何理由，包括下基层调研等收受下属单位赠送的土特产和提货券。

3）严禁违反规定收送礼品、礼金、有价证券、支付凭证和商业预付卡。各级领导干部一定要严格把关，严于律己，要坚决拒收可能影响公正执行公务的礼品、礼金、有价证券、支付凭证和商业预付卡，严禁利用婚丧嫁娶等事宜借机敛财。

4）严禁滥发钱物，讲排场、比阔气，搞铺张浪费。各地各部门不准以各种名义年终突击花钱和滥发津贴、补贴、奖金和实物；不准违反规定印制、发售、购买和使用各种代币购物券（卡）；不准借用各种名义组织和参与用公款支付的高消费娱乐、健身活动；不准用公款组织游山玩水、安排私人度假旅游、出国（境）旅游等活动；不准违反规定使用公车、在节日期间公车私用。

5）严禁超标准接待。领导干部下基层调研、参加会议、检查工作等，要严格按照中央和省委的有关要求执行。

6）严禁组织和参与赌博活动。各级党员干部一定要充分认识赌博的严重危害性，决不组织和参与任何形式的赌博活动。

K 知识延伸
nowledge extension

2012年12月4日，中共中央政治局召开会议，审议通过了中央政治局关于改进工作作风、密切联系群众的八项规定。2012年

12 月 27 日，中央出台六项禁令。

23. 党内监督的任务和内容是什么？

答：《中国共产党党内监督条例》规定，党内监督的任务是确保党章党规党纪在全党有效执行，维护党的团结统一，重点解决党的领导弱化、党的建设缺失、全面从严治党不力，党的观念淡漠、组织涣散、纪律松弛，管党治党宽松软问题，保证党的组织充分履行职能、发挥核心作用，保证全体党员发挥先锋模范作用，保证党的领导干部忠诚干净担当。

党内监督的主要内容是：

（1）遵守党章党规，坚定理想信念，践行党的宗旨，模范遵守宪法法律情况。

（2）维护党中央集中统一领导，牢固树立政治意识、大局意识、核心意识、看齐意识，贯彻落实党的理论和路线方针政策，确保全党令行禁止情况。

（3）坚持民主集中制，严肃党内政治生活，贯彻党员个人服从党的组织，少数服从多数，下级组织服从上级组织，全党各个组织和全体党员服从党的全国代表大会和中央委员会原则情况。

（4）落实全面从严治党责任，严明党的纪律特别是政治纪律和政治规矩，推进党风廉政建设和反腐败工作情况。

（5）落实中央八项规定精神，加强作风建设，密切联系群众，巩固党的执政基础情况。

（6）坚持党的干部标准，树立正确选人用人导向，执行干部选拔任用工作规定情况。

（7）廉洁自律、秉公用权情况。

（8）完成党中央和上级党组织部署的任务情况。

法律依据
Legal basis　《中国共产党党内监督条例》第五条。

24.哪些情形下,党组织、党的领导干部违反党章和其他党内法规,不履行或者不正确履行职责,应当予以问责?

答: 根据《中国共产党问责条例》规定,党组织、党的领导干部违反党章和其他党内法规,不履行或者不正确履行职责,有下列情形之一,应当予以问责:

(1)党的领导弱化,"四个意识"不强,"两个维护"不力,党的基本理论、基本路线、基本方略没有得到有效贯彻执行,在贯彻新发展理念,推进经济建设、政治建设、文化建设、社会建设、生态文明建设中,出现重大偏差和失误,给党的事业和人民利益造成严重损失,产生恶劣影响的。

(2)党的政治建设抓得不实,在重大原则问题上未能同党中央保持一致,贯彻落实党的路线方针政策和执行党中央重大决策部署不力,不遵守重大事项请示报告制度,有令不行、有禁不止,阳奉阴违、欺上瞒下,团伙、拉帮结派问题突出,党内政治生活不严肃不健康,党的政治建设工作责任制落实不到位,造成严重后果或者恶劣影响的。

(3)党的思想建设缺失,党性教育特别是理想信念宗旨教育流于形式,意识形态工作责任制落实不到位,造成严重后果或者恶劣影响的。

(4)党的组织建设薄弱,党建工作责任制不落实,严重违反民主集中制原则,不执行领导班子议事决策规则,民主生活会、"三会一课"等党的组织生活制度不执行,领导干部报告个人有关事项制度执行不力,党组织软弱涣散,违规选拔任用干部等问题突出,造成恶劣影响的。

(5)党的作风建设松懈,落实中央八项规定及其实施细则精神不力,"四风"问题得不到有效整治,形式主义、官僚主义问题突出,执行党中央决策部署表态多调门高、行动少、落实差,脱离实际、脱离群众，拖沓敷衍、推诿扯皮，造成严重后果的。

（6）党的纪律建设抓得不严，维护党的政治纪律、组织纪律、廉洁纪律、群众纪律、工作纪律、生活纪律不力，导致违规违纪行为多发，造成恶劣影响的。

（7）推进党风廉政建设和反腐败斗争不坚决、不扎实，削减存量、遏制增量不力，特别是对不收敛、不收手，问题线索反映集中、群众反映强烈，政治问题和经济问题交织的腐败案件放任不管，造成恶劣影响的。

（8）全面从严治党主体责任、监督责任落实不到位，对公权力的监督制约不力，好人主义盛行，不负责不担当，党内监督乏力，该发现的问题没有发现，发现问题不报告不处置，领导巡视巡察工作不力，落实巡视巡察整改要求走过场、不到位，该问责不问责，造成严重后果的。

（9）履行管理、监督职责不力，职责范围内发生重特大生产安全事故、群体性事件、公共安全事件，或者发生其他严重事故、事件，造成重大损失或者恶劣影响的。

（10）在教育医疗、生态环境保护、食品药品安全、扶贫脱贫、社会保障等涉及人民群众最关心最直接最现实的利益问题上不作为、乱作为、慢作为、假作为，损害和侵占群众利益问题得不到整治，以言代法、以权压法、徇私枉法问题突出，群众身边腐败和作风问题严重，造成恶劣影响的。

（11）其他应当问责的失职失责情形。

法律依据
Legal basis 《中国共产党问责条例》第七条。

25.对党组织或党的领导干部进行问责，根据危害程度以及具体情况，可以分别采取哪些方式？

答：对党组织的问责，根据危害程度以及具体情况，可以采取以下方式：

（1）检查。责令作出书面检查并切实整改。

（2）通报。责令整改，并在一定范围内通报。

（3）改组。对失职失责、严重违犯党的纪律、本身又不能纠正的，应当予以改组。

对党的领导干部的问责，根据危害程度以及具体情况，可以采取以下方式：

（1）通报。进行严肃批评，责令作出书面检查、切实整改，并在一定范围内通报。

（2）诫勉。以谈话或者书面方式进行诫勉。

（3）组织调整或者组织处理。对失职失责、危害较重，不适宜担任现职的，应当根据情况采取停职检查、调整职务、责令辞职、免职、降职等措施。

（4）纪律处分。对失职失责、危害严重，应当给予纪律处分的，依照《中国共产党纪律处分条例》追究纪律责任。

上述问责方式，可以单独使用，也可以依据规定合并使用。问责方式有影响期的，按照有关规定执行。

法律依据
Legal basis　《中国共产党问责条例》第八条。

26. 中国共产党党内法规执行工作主体责任是谁？具体履行哪些职责？

答：根据《中国共产党党内法规执行责任制规定（试行）》规定，地方各级党委对本地区党内法规执行工作负主体责任，应当坚决贯彻党中央决策部署以及上级党组织决定，带头严格执行党内法规，并领导、组织、推进本地区党内法规执行工作，支持和监督本地区党组织和党员领导干部履行执规责任。

党委办公厅（室）负责统筹协调本地区党内法规执行工作，

推动党委关于党内法规执行部署安排的贯彻落实。

党委职能部门、办事机构、派出机关、直属事业单位等，对主要规定其职权职责的党内法规，负有牵头执行的责任，并组织、协调、督促、指导有关党组织和党员领导干部执行有关党内法规。其他相关单位应当按照党内法规规定各司其职、各尽其责，协助配合牵头部门共同执行党内法规。

党组（党委）对本单位（本系统）执行有关党内法规负主体责任，领导、组织、推进本单位（本系统）党内法规执行工作。

街道、乡镇党的基层委员会和村、社区党组织，国有企业党委，实行党委领导下的行政领导人负责制的事业单位党组织，对本地区本单位执行有关党内法规负主体责任，领导、组织、推进本地区本单位党内法规执行工作。其他单位中党的基层组织按照规定推动有关党内法规在本单位的执行。

法律依据
Legal basis 《中国共产党党内法规执行责任制规定（试行）》第四条～第八条。